hänssler

Hansg-rt

BEN HOEKENDIJK

So
fanden wir den
Messias

Wie Gott
heute unter Juden
wirkt

Die Deutsche Bibliothek — CIP-Einheitsaufnahme

Hoekendijk, Ben:
So fanden wir den Messias : wie Gott heute unter Juden wirkt
Ben Hoekendijk. [Übers. von Alexandra Marmion]. — 2. Aufl. —
Neuhausen-Stuttgart : Hänssler, 1995
(Edition C : T, Taschenbuch ; 321)
Einheitsacht.: Twelve Jews discover Messiah <dt.>
ISBN 3-7751-2053-X
NE: Edition C / T

EDITION C-Taschenbuch, T 321
Bestell—Nr. 56.921
2. Auflage 1995
© Copyright 1992 by Ben Hoekendijk. Published in
Great Britain by Kingsway Publications Ltd, Eastburne
Originaltitel: Twelve Jews discover Messiah
Übersetzt von Alexandra Marmion, S. 21-38 von Iris Engelfried

© Copyright 1994 by Hänssler-Verlag, Neuhausen-Stuttgart
Umschlaggestaltung: Schnorr von Carolsfeld-Giebeler
Titelbilder: Hilla und Max Jacoby
Satz: AbSatz Ewert-Mohr, Klein Nordende
Printed in Germany

Inhalt

Vorwort

Für Juden zuerst

»Für euch zuerst hat Gott seinen Knecht erweckt und hat ihn zu euch gesandt, euch zu segnen, daß ein jeder sich bekehre von seiner Bosheit.«

APOSTELGESCHICHTE 3, 26

Brauchen Juden Yeshua? Für den Apostel Petrus war dies keine Frage. Darüber ließ er nicht mit sich debattieren. Yeshua war für ihn ohne Zweifel der, von dem Mose gesagt hatte: »Einen Propheten wie mich wird euch der Herr, euer Gott, erwecken aus euren Brüdern; den sollt ihr hören in allem, was er zu euch sagen wird. Und es wird geschehen, wer diesen Propheten nicht hören wird, der soll vertilgt werden aus dem Volk.« (Apg 3, 22.23). Yeshua ist also nicht einer unter vielen. Er steht nicht einfach in einer Reihe mit Jesaja, Jeremia, Hesekiel, Daniel oder einem anderen der Propheten. Er ist vielmehr der, von dem sie alle geweissagt, auf den sie alle sehnsüchtig gehofft haben. An IHM entscheidet sich für Israel, für jeden Juden, ja für jeden einzelnen Menschen auf der ganzen Erde schlechthin alles. »Denn durch ihn sollen gesegnet werden alle Völker auf Erden.« (Apg 3, 25). IHN hören, IHM gehören, bedeutet Heil.

Wer IHN überhört, wer IHN verwirft, verwirft sich selbst. Er verfehlt seine Bestimmung, schließt sich aus von dem Segen, den Gott ihm zugedacht hat, sei er Jude oder Heide.

Israel hat damals leider nicht erkannt, was zu seinem Frieden dient (Lk 19, 42). Gott selbst war mitten unter sie getreten und hatte seine Herrlichkeit offenbart. Aber sie verwarfen ihn als Gotteslästerer, verleugneten ihn und baten um seinen Tod.

Leider ist es keine geringere Tragödie, daß solche, die sich Christen nannten, jahrhundertelang mindestens genauso mit Blindheit geschlagen waren. Sie predigten von Jesu Liebe und Erbarmen, verleugneten diese aber gegenüber seinem Volk mit Wort und Tat. Sie bildeten sich ein, sie hätten erkannt, wozu Yeshua gekommen war. Doch waren sie weit entfernt zu begreifen, daß die Geschichte Gottes mit seinem Volk, trotz der Verwerfung seines Messias, keineswegs zu Ende war.

Manche beginnen langsam zu verstehen, wie verhängnisvoll dieser Irrtum war. Sie schämen sich dessen, was Christen Juden zugefügt haben. Leider verfallen nicht wenige in ihrer Scham nun aber in einen anderen Fehler. Sie wagen es nicht mehr, dem jüdischen Volk Yeshua als seinen Herrn und Erlöser zu bezeugen. Doch wie soll Israel heimfinden zu seinem Gott? Wie sollen all die vielen Verheißungen, die ihm gegeben sind, erfüllt werden, wenn nicht durch IHN? Nein, Israel ist nicht geholfen, wenn wir ihm gegenüber seinen Messias abermals verleugnen. Doch sollten wir anfangen, die Aufforderung des Petrus zuerst für uns selbst ernst zu nehmen: »So tut nun Buße und bekehrt euch, daß eure Sünden getilgt werden« (Apg 3, 19).

Nur wenn wir selbst umkehren von unseren bösen Wegen und Israel in tiefer Liebe und Demut begegnen, können wir ihm den bezeugen, der zuerst zu ihm gesandt war. Israel hat das erste Anrecht auf seinen Messias. Dieses Anrecht darf ihm nicht genommen oder vorenthalten werden.

In diesem Buch berichten zwölf Glieder des ersterwählten Gottesvolkes von ihrem Weg zum Glauben an Yeshua, den Messias. Sie bezeugen damit das souveräne Wirken des Geistes Gottes unter dem heutigen Israel zum Lob unseres Herrn. Die Zeugnisse sind so verschieden wie die Persönlichkeiten und Lebensgeschichten der berichtenden Personen. Manche erinnern stark an die übernatürlichen Erfahrungen des Apostels Paulus (vgl. Apg 9, 3-7; 16, 9; 2. Kor 12, 2), der sich selbst ja als geistliche Frühgeburt aus Israel und damit als eine Art Modell für sein Volk empfand (1. Kor 15, 8). Nach Joel 3, 1-5 und anderen Stellen in der Bibel sind Zeichen und Wunder ja durchaus nicht ungewöhnlich, wenn es um die geistliche Wiedergeburt Israels geht. Offenbar braucht es für manche Glieder des ersterwählten Bundesvolkes ein besonders starkes Wirken des Heiligen Geistes, damit sie Yeshua als ihren Messias erkennen. Dennoch müssen auch solche Menschen das Evangelium hören und mit einer bewußten Entscheidung darauf antworten. Sie müssen hineinwachsen in eine gründliche Kenntnis der Heiligen Schrift, wenn ihr geistliches Leben gesund bleiben soll. Ein besonders deutliches Beispiel dafür ist das Zeugnis von Saul, dem Fischer aus Galiläa.

Trotz seiner, für uns ungewohnten, übernatürlichen Erfahrungen fand er den festen Grund seines Glaubens erst beim Lesen des Neuen Testamentes. Es bleibt daher auch für jüdische Christen eine bleibende Aufgabe, hineinzuwachsen in die biblische Lehre, sich von ihr leiten und korrigieren zu lassen.

Allen Zeugnissen gemeinsam ist, daß nicht Menschen und ihre Erfahrungen im Mittelpunkt stehen, sondern Yeshua von Nazareth, Israels Messias und unser Herr. Um seiner Ehre willen sollte es uns ein dringendes Anliegen sein, daß immer mehr Juden und Nichtjuden heimfinden zu IHM und einstimmen in das Lob: »Das Lamm, das geschlachtet ist, ist würdig, zu nehmen Kraft und Reichtum und Weisheit und Stärke und Ehre und Preis und Lob« (Offb 5,12).

Hartmut Renz
Evangeliumsdienst für Israel

Einleitung

Ein Treffen in Jerusalem

Es war mehr als nur schiere Neugier, die mich veranlaßte, mit meinem Kassettenrekorder und meiner Kamera von Norden nach Süden durch Israel zu reisen. Vielleicht kam die Inspiration durch meinen Großvater, den Prediger und Schriftsteller C. J. Hoekendijk, der schon 1920 die Wiederherstellung des Staates Israel predigte — Jahre bevor Hitler auf der Bildfläche erschien. Damals war Israel ein unwichtiger und uninteressanter Punkt im unterentwickelten Nahen Osten. Mein Großvater aber hatte die Prophetien über die Wiederherstellung Israels gelesen und glaubte an sie. Man machte sich lustig über ihn, aber die Geschichte beweist, daß er recht hatte.

Die Tage, an denen ich in Jerusalem umherwanderte, waren voll himmlischer Energie. Es lag etwas in der Luft — wie der erste Frühlingshauch, voller Hoffnung und Erwartung. Ich hatte das Gefühl, daß Gott angefangen hatte, die Teile seines Puzzles zusammenzusetzen. Eines Tages wird das Puzzle fertig sein, und der Messias wird mit seinem Friedensreich einziehen.

Überwältigt war ich von der fieberhaften Erwartung des Messias. Ich spürte, daß ich an etwas teilhatte, was ich gedanklich nicht fassen konnte.

Je mehr Zeugnisse ich hörte, desto mehr beeindruckte mich die Verschiedenartigkeit der Erwartungen dieser Menschen. Beim einen war viel Gefühl mit im Spiel, als er zum Glauben kam, ein anderer reagierte verstandesmäßig auf das, was er im Neuen Testament gelesen hatte. Manche hatten einen soliden orthodoxen Hintergrund, andere nicht. Manche kamen aus einer typisch jüdischen Umgebung, andere aus weltlichen Kreisen.

Die Meinungen, die sie zum Ausdruck bringen, sind ganz persönlich. Keiner spricht für alle, sondern jeder nur für sich allein. Man könnte natürlich versuchen, die zwölf Zeugnisse zusammenzunehmen und einen gemeinsamen bestimmenden Faktor zu finden. Manches wiederholt sich, wie das starke Verlangen zu forschen, der Hunger nach Wahrheit, der diese Menschen oft falschen Religionen, der Politik oder Drogen in die Arme getrieben hat. Fast alle sind kreuz und quer über den Globus gereist. Und alle wußten, ohne daß es ihnen jemand gesagt hätte: Ich muß jetzt nach Hause gehen, nach Israel.

Zu dieser Vielfalt sagt Pinchas Lapide:

»Im Judaismus kann jedes Bibelwort auf siebzig verschiedene Arten erklärt werden. Die Zahl siebzig bezieht sich auf die Völkertafel in Genesis 10. Im Judaismus gibt es keinen Papst, der seine Auffassung zum Dogma erhebt und die anderen neunundsechzig Möglichkeiten als Häresie bezeichnet. ›Alle siebzig sind gültig vor Gott‹ ist eine Redensart, die schon zu Jesu Lebzeiten bekannt war. Diese Einstellung spiegelt sich auch in der hebräischen Sprache wieder, die ohne Vokale geschrieben wird, so daß ein Wort auf drei oder vier verschiedene Arten gelesen werden kann.«

Aus diesem Grund sind in diesem Buch zwölf Zeugnisse — entsprechend der Zahl der Stämme der Kinder Israel und der Zahl der Jünger Jesu.

Ich wurde oft gefragt, wie ich diese erstaunlichen Geschichten gefunden habe, und ich kann nur antworten: durch den Heiligen Geist. Im Stadtbus fragte mich jemand, warum ich so froh aussehe. Es zeigte sich, daß er Christ war, und wir unterhielten uns über dieses Buch. Er erwähnte den Namen eines messianischen Juden, und während der Bus durch die Straßen von Jaffa holperte, schrieb ich den Namen auf die Rückseite einer Zeitung. Und hatte damit eine weitere Quelle gefunden. So ging es dann auch weiter.

Immer mehr beeindruckte mich auch die einzigartige Stellung dieser messianischen Juden. Sie sind eine Brücke zwischen der Synagoge und der Kirche. Viele Juden glauben, daß man die Religion wechselt, wenn man an den »christlichen« Yeshua glaubt. Aber diese Männer und Frauen beweisen das Gegenteil. Yeshua hat ihnen ihr Judentum nicht weggenommen, sondern es erfüllt.

Im ersten Jahrhundert stellte sich überhaupt nicht die Frage, ob man als Jude an Yeshua glauben konnte, denn die ersten Nachfolger Yeshuas waren Juden. Das Problem war, wie man mit den ersten Heiden, die zum Glauben kamen, umgehen sollte. Die Apostel hielten darüber ein Treffen in Jerusalem ab, von dem wir in Apostelgeschichte 15 lesen, und dort wurde beschlossen, daß die Heiden nicht beschnitten werden mußten, sondern daß Gott seinen eigenen Plan für sie hatte.

Die Kirche entfernte sich von ihren jüdischen Wurzeln und begann sogar, ihren »älteren Bruder« zu verfolgen. Dieser uneinsichtige Antisemitismus machte es für die Juden fast unmöglich, zu Yeshua zu kommen.

Wir sind jetzt 2000 Jahre weiter, und die Stimme der messianischen Juden ist wieder hörbar. Das bedeutet für die Christen, daß sie dem Handeln Gottes Raum geben müssen. Schließlich verspricht die Bibel in Jeremia 31,31 eine Erneuerung des Bundes.

Die Juden werden eine Erweckung von den Toten erleben, wie Gott sie in Römer 11,15 verspricht — eine Erweckung als Priester, Apostel und Propheten. Außerdem wird Gott etwas tun, was ihm sehr am Herzen liegt: Er wird gemäß Epheser 2,14 Juden und Christen vereinen.

Diese Einheit findet man nicht in Einförmigkeit, sondern nur in Yeshua, dem Haupt. In ihm treffen sie sich und können geeint werden. Dies hat nun begonnen. Als heidnischer Gläubiger ergreife ich die Hand, die mein jüdischer Freund mir reicht. Es ist ein Wunder, daß sie bereit sind, uns Christen zu vergeben und uns als gleichberechtigt anzuerkennen. Dafür segne ich sie.

Bei jedem Gespräch mit einem »der Zwölf« beteten wir zuerst gemeinsam. Oft hatte ich das Gefühl, daß wir auf heiligem Boden standen. Dieser Eindruck hielt auch während des Schreibens und Herausgebens dieses Buches an. Wir haben Briefe von Juden und Christen bekommen, die das bestätigten – auch sie hatten beim Lesen Gottes Gegenwart gespürt.

Beim Schreiben, Drucken und Verlegen dieses Buches haben wir Hilfe aus verschiedenen Quellen empfangen. Wir danken unseren Übersetzern Debbie Visser-Rayner, Yvonne Barendregt-Willis und Alida Woodson-Meester und auch den Mitarbeitern von Kingsway.

Für Christen haben wir ein Glossar am Ende des Buches. Für weiterführende Studien habe ich eine Liste von messianischen Prophetien hinzugefügt.

Hören Sie nun auf Gottes Stimme. Er möchte Ihnen sagen, daß er Sie liebt.

Ben Hoekendijk, Putten, Holland

I.

Shmuel,
der Prophet

Shmuel Suran (45), eine führende Persönlichkeit der messianischen Gemeinde Kehilat Brit Jerushalajim, sitzt an einem Tisch, auf dem seine Frau Pamela gemalte Bilder ausgebreitet hat. Dieser befindet sich im Konferenzsaal Binyanei Hauma. Er hat rote Haare, fröhliche Augen und einen lachenden Mund, der von seinem roten Bart, der bereits an den Schläfen zu ergrauen beginnt, umrandet ist.

Ich betrachte die Gemälde, die hinten an der Wand des Messestandes hängen. Wunderhübsche Gemälde. Eine mit Wasserfarben gemalte Reihe, die das Leben Jakobs beschreibt, gefällt mir am besten. Man erkennt einen Jakob, der verbissen mit dem Engel Gottes kämpft. Dünne Linien verlaufen quer über das Bild. Sie geben dem Ganzen einen Anschein, als ob man durch ein buntes Fensterglas blicke.

Pamela Suran ist eine der bekanntesten messianischen Künstlerinnen. Während Shmuel seine Geschichte erzählt, werden wir ab und an von Leuten unterbrochen, die einen Satz Bilder kaufen wollen. Eine Amerikanerin kommentiert: »Ich mag die Bilder Ihrer Frau sehr, man kann richtig spüren, wie der Heilige Geist durch die Bilder spricht.« Dies ist nun der kleine Unterschied zwischen damals und heute:

Heute spricht Gottes Geist tatsächlich durch Pams Bilder an.

Pamela studierte moderne Kunst in Amerika und auch Europa, begann mit dem Malen und stellte ihre Bilder in siebzig Ausstellungen aus. 1970 hatte sie in der säkularen Welt bereits Karriere gemacht. Dann begegnete sie Yeshua, und sie wußte sofort, wie sie ihre Begabung besser einsetzen konnte: Sie würde nun ihre Zeit für das Reich Gottes investieren.

1980 reiste sie nach Israel, wo sie ihre Bilder in der Dugit Galerie in Tel Aviv ausstellte, und dort traf sie Shmuel. Sie heirateten, und Pamela unterstützte das geistliche Amt ihres Mannes als Ältester der messianischen Gemeinschaft und Redner über prophetische Themen in Europa und Amerika.

Shmuel hat eine klare Zielvorstellung bezüglich zukünftiger Entwicklungen in Israel. Er glaubt, daß nun die Zeit für einen großen geistlichen Aufbruch, welchen er *G'eulah Sh'leimah*, die absolute und endgültige Erlösung Israels nennt, reif sei. Er ist überzeugt, daß Gott sich seinem jüdischen Volk während der nächsten zehn Jahre offenbaren wird. Juden werden Yeshua als den Messias anerkennen. Ebenso wird während dieser Zeit die »Trennmauer« zwischen Juden und Christen mehr und mehr niedergerissen werden.

Gott offenbarte sich Shmuel durch die Psalmen auf einzigartige und souveräne Weise. Nachdem er das Gemälde »Das Abendmahl« Leonardo da Vincis betrachtet hatte, kaufte er sich ein Neues Testament und las. Gott offenbarte ihm, daß Yeshua tatsächlich für ihn gestorben ist. Man hatte über seinem Kopf ein

Schild ans Kreuz genagelt mit der Inschrift, »»Dies ist Yeshua, der König der Juden« (Mt 27, 37). Dies berührte Shmuel im tiefsten seines Herzens, und ähnlich wie Sha'ul war er dieser Vision, die vom Himmel gesandt worden war, nicht ungehorsam« (Apg 26, 19).

Mein Name war Stuart Suranowitz. Aber als ich nach Israel kam, änderte ich ihn in Shmuel Suran um. Viele Einwanderer tun das; sie ändern ihren Namen, wenn sie sich hier niederlassen. Suranowitz ist ein Name aus der Diaspora, Suran ist mein neuer israelischer Name. Meine Großeltern waren orthodoxe Juden aus Rußland und Polen. Die gehörten zum Stamm Levi, aus dem früher die Priester zum Tempeldienst kamen. Weil der zweite Tempel zusammen mit den ganzen Geschlechtsregistern im Jahre 70 n. Chr. zerstört wurde, können wir dies nicht beweisen. Aber von Generation zu Generation gab es jeweils der Vater seinem Sohn weiter, daß sie Kohanim, Mitglieder des Stammes Levi, waren. Mein Vater hörte es von seinem Vater und so weiter.

Ich wurde 1945 in New York geboren und wuchs auch dort auf. In meiner Jugend hatte ich keine Ahnung, wer Yeshua war. Ich wuchs mit derselben Vorstellung auf, wie sie die meisten Juden hatten: daß Yeshua etwas mit den Heiden zu tun hatte, mit Maria und dem Papst, dem Vatikan und Rom, aber nicht mit uns, weil wir ja jüdisch waren. In den 60er Jahren gab es eine Bewegung unter den jungen Leuten in Amerika, ein Verlangen, nach dem Sinn und Zweck des Lebens zu forschen. Ich gehörte zu der Gruppe junger Leute, die an die Universität gingen, um alles zu erfor-

schen, die mit allem experimentierten, um die Bedeutung des Ganzen herauszufinden. Wie jeder jüdische
Junge folgte ich jüdischen Traditionen und feierte
meine *Bar Mizwa*, als ich dreizehn war. Das bedeutet,
daß man vor Gott, seiner Familie und seinen Freunden in der Synagoge aufsteht, eine Passage aus der
Haftara rezitiert und den Abschnitt aus der *Tora* für
diese Woche liest. Dazu braucht man eine Vorbereitung von einem Jahr. Der Rabbi erteilt Unterricht,
man lernt, die *Tora* zu lesen und Gebete zu sprechen.

Am Tag meiner *Bar Mizwa* war der Abschnitt,
der gelesen werden sollte, Hesekiel 36, 16-38. Er han-
delt von der Wiederherstellung Israels: »Und des
HERRN Wort geschah zu mir: Du Menschenkind, als
das Haus Israel in seinem Lande wohnte und es unrein machte mit seinem Wandel und Tun, daß ihr Wandel vor mir war wie die Unreinheit einer Frau, wenn sie
ihre Tage hat, da schüttete ich meinen Grimm über sie
aus um des Blutes willen, das sie im Lande vergossen,
und weil sie es unrein gemacht hatten durch ihre Götzen. Und ich zerstreute sie unter die Heiden und ver-
sprengte sie unter die Länder und richtete sie nach
ihrem Wandel und Tun. So kamen sie zu den Heiden;
aber wohin sie kamen, entheiligten sie meinen heiligen Namen, weil man von ihnen sagte: ›Sie sind des
HERRN Volk und haben doch aus ihrem Land fort-
ziehen müssen!‹ Da tat es mir leid um meinen heiligen
Namen, den das Haus Israel entheiligte unter den
Heiden, wohin sie auch kamen. Darum sollst du zum
Haus Israel sagen: So spricht Gott der HERR: Ich tue
es nicht um euretwillen, ihr vom Hause Israel, sondern um meines heiligen Namens willen, den ihr ent-

heiligt habt unter den Heiden, wohin ihr auch gekommen seid. Denn ich will meinen großen Namen, der vor den Heiden entheiligt ist, den ihr unter ihnen entheiligt habt, wieder heilig machen. Und die Heiden sollen erfahren, daß ich der HERR bin, spricht Gott der HERR, wenn ich vor ihren Augen an euch zeige, daß ich heilig bin. Denn ich will euch aus den Heiden herausholen und euch aus allen Ländern sammeln und wieder in euer Land bringen, und will reines Wasser über euch sprengen, daß ihr rein werdet; von all eurer Unreinheit und von allen euren Götzen will ich euch reinigen. Und ich will euch ein neues Herz und einen neuen Geist in euch geben und will das steinerne Herz aus eurem Fleisch wegnehmen und euch ein fleischernes Herz geben. Ich will meinen Geist in euch geben und will solche Leute aus euch machen, die in meinen Geboten wandeln und meine Rechte halten und danach tun. Und ihr sollt wohnen im Lande, das ich euren Vätern gegeben habe, und sollt mein Volk sein. Ich will euch von all eurer Unreinheit erlösen und will das Korn rufen und will es mehren und will keine Hungersnot über euch kommen lassen. Ich will die Früchte auf den Bäumen und den Ertrag auf dem Felde mehren, daß euch die Heiden nicht mehr verspotten, weil ihr hungern müßt. Dann werdet ihr an euren bösen Wandel denken und an euer Tun, das nicht gut war, und werdet euch selbst zuwider sein um eurer Sünde und eures Götzendienstes willen. Nicht um euretwillen tue ich das, spricht Gott der HERR, das sollt ihr wissen, sondern ihr werdet euch schämen müssen und schamrot werden, ihr vom Hause Israel, über euren Wandel. So spricht Gott der HERR: Zu der Zeit, wenn ich euch reinigen werde von allen euren Sünden, will ich die Städte wieder bewohnt sein lassen, und die Trümmer sollen wieder aufgebaut werden. Das verwüstete Land soll wieder gepflügt werden, nachdem es verheert war vor den Augen aller, die vorüberzogen. Und man wird sagen: Dies Land war verheert, und jetzt ist's wie der Garten Eden, und diese Städte waren zerstört, öde und niedergerissen und stehen nun fest gebaut und sind bewohnt. Und die Heiden, die um euch her übriggeblieben sind, sollen erfahren, daß ich der HERR bin, der da baut, was niedergerissen ist, und pflanzt, was verheert war. Ich, der HERR, sage es und tue es auch. So spricht Gott der HERR: Auch darin will ich mich vom Hause Israel bitten lassen, daß ich dies ihnen tue: Ich will die Menschen bei ihnen mehren wie eine Herde. Wie eine heilige Herde, wie eine Herde in Jerusalem an ihren Festen, so sollen die verwüsteten Städte voll Menschenherden werden, und sie sollen erfahren, daß ich der HERR bin.«

An diesem Tag hatte ich eine tiefe Gotteserfahrung in der Synagoge. Diesen Schriftabschnitt zu lesen war der Höhepunkt dessen, was ich bis dahin von Gott erfahren hatte. Als ich diesen Abschnitt aus dem Propheten las, fühlte ich Gottes Gegenwart stark um mich. Aber seltsamerweise kehrte ich kurz darauf dem rabbinischen Judentum den Rücken, und es folgten dreizehn Jahre des Suchens nach dem Zweck des Lebens. Auf der einen Seite konnte ich die orthodox-jüdische Lebensweise nicht akzeptieren, aber was gab es denn sonst noch? Ich wollte deshalb selber herausfinden, was das Leben mir zu bieten hatte. Ich liebte den Sport. Ich war eine Art Sportfanatiker. Ich spielte Baseball, Basketball und Football. Ich kann ehrlich behaupten, daß ich an meiner High School eine Art Held war und der wertvollste Spieler auf dem Spielfeld.

Nach der High School ging ich in die Welt hinaus und verlor mich immer mehr. Ich entfernte mich weiter von Gott. Dies ging so fort, bis ich 26 Jahre alt war. Während dieser Jahre studierte ich viele humanistische Philosophien: Freud, Engels, Marx und andere wichtige Weltanschauungen. Ich wurde durch das alles sehr verwirrt. Ich war mir nicht einmal mehr sicher, ob Gott existierte.

Jene Jahre gipfelten in einer Krise, die mich dazu brachte, mein jüdisches Gebetbuch *(Siddur)*, wieder zu lesen. Ich las die Gebete und Psalmen, und diese weckten etwas tief in mir. Meine jüdische Seele wurde wieder berührt, so daß ich an den Gott Abrahams, Isaaks und Jakobs glauben konnte.

Das kam von Gott. Als ich das Wort las, erweckte Gott etwas in meiner jüdischen Seele zum Leben. Ich konnte nicht anders, als an den Gott zu glauben, der Himmel und Erde geschaffen hatte. Ich hatte eine innere Gewißheit, ich wurde mir der Existenz des Gottes Israels wieder bewußt. Gott wußte genau, auf welche Art er mit mir reden sollte. Er rührte mein jüdisches Herz dadurch an, daß ich sein Wort las. Ich wußte instinktiv, daß darin die Wahrheit lag und nicht in den Philosophien, die ich an der Universität studiert hatte. In meinem Herzen tobte ein Kampf zwischen Licht und Finsternis, Gut und Böse, Wahrheit und Lüge. Als ich fortfuhr, die Psalmen zu lesen, fin-

gen sie an, auf sehr persönliche Weise zu mir zu sprechen. Ich stellte fest, daß König David über Gott
sprach, als wäre er (Gott) sein Vater. Er schien eine
tiefe Beziehung zu Gott zu haben. Das berührte mich.
Niemand sprach darüber mit mir. Niemand erklärte
mir das Evangelium. Mein Kopf war noch immer voll
von den Philosophien, die ich an der Universität studiert hatte, und ich war hoffnungslos im Widerstreit
mit mir selber.

In den 60er Jahren suchten wir nach Antworten
auf Fragen nach dem Sinn des Lebens. Es war die Zeit
der Beatles, der Drogen und des Rock 'n Roll. Ich war
zu dem Schluß gekommen, daß es keine Wahrheit
gab, daß das Leben keinen Sinn hatte und daß »iß,
trink und sei fröhlich« das Beste war, was man tun
konnte. Diese Jahre waren für mich wie eine einzige
große Party.

Dann kam wieder einmal das jüdische *Rosch Haschana,* das jüdische Neujahrsfest, und traditionsge-
mäß ist dies der Tag, an dem Gott die Welt und die
Menschheit richtet. Ausgerechnet an diesem Tag
wurde ich festgenommen, weil ich irgendwo im Norden des Staates New York ein Feld Marihuana ange-
baut hatte. Ich kam für drei Tage ins Gefängnis. Als
ich auf Bewährung entlassen wurde, fing ich wieder
an, im *Siddur* zu lesen und hatte dadurch meine erste
wirkliche Begegnung mit Gott. Man könnte sagen,
daß Gott mir Einhalt gebot, um meine Aufmerksamkeit zu gewinnen.

Ich erhielt meinen Universitätsabschluß und
arbeitete als Mathematiklehrer in einer Innenstadt-
schule im nördlichen Teil des Staates New York. Die

Schüler kamen aus sozial benachteiligten Schichten, was für mich der Hauptgrund war, diese Stelle anzunehmen — ich war eine Art Sozialarbeiter. Dies war außerdem die Zeit des Vietnamkrieges, die Zeit, in der meine Zeitgenossen lautstark gegen den Krieg, Materialismus und die Heuchelei der westlichen Gesellschaft protestierten.

Ich unterrichtete dreieinhalb Jahre lang an dieser Schule. Während dieser Zeit las ich das Alte Testament. Ich hatte solch einen Hunger nach Gott, daß ich die Bibel sogar zwischen den Unterrichtsstunden oder in der Mittagspause las. Die Psalmen sprachen mich ganz besonders an. Eines Tages, als ich gerade im Klassenzimmer saß, las ich Psalm 40, und plötzlich geschah etwas mit mir.

Ich fühlte mich zutiefst mit David verbunden. Seine Erfahrung war meine Erfahrung. Er faßte meine Gedanken und Gefühle in Worte. Es war, als ob Gott mit mir sprechen würde. Er sagte: »Ich ziehe dich aus der grausigen Grube. Ich werde deinen Fuß auf den Felsen stellen, ich werde dir ein neues Lied geben, um Gott zu loben.«

Als ich zu dem Vers kam »Wohl dem, der seine Hoffnung setzt auf den Herrn«, verstand ich nicht, was es bedeutete, aber ich war bereit, zu tun, was da stand und beschloß, Gott zu vertrauen. Ich kündigte meine Stelle als Lehrer, um ein neues Leben zu beginnen. Ich wußte nicht, wovon ich meinen Lebensunterhalt bestreiten sollte, ich wußte nur, daß ich Gott vertrauen sollte.

Ich ging zum Schulleiter meiner Schule und erzählte ihm, daß Gott sich mir offenbart hatte und daß ich ihm auf der Grundlage von Psalm 40 vertrauen wollte, und daß ich deshalb meine Kündigung einreichen wollte. Er verstand überhaupt nichts. Er dachte vermutlich, ich sei nicht ganz Herr meiner Sinne. Er war nicht gläubig, aber selbst wenn er es gewesen wäre, hätte er vielleicht trotzdem gedacht, ich sei verrückt geworden. So verließ ich die Schule.

In der Woche darauf stöberte ich in einem Buchladen herum. Dort hingen Reproduktionen verschiedener Gemälde, und besonders eines davon erregte meine Aufmerksamkeit. Es war das berühmte Gemälde »Das Abendmahl« von Leonardo da Vinci, das Yeshua mit seinen Jüngern darstellt, wie sie das *Passa* feiern. *Pessach* war für mich immer das heiligste jüdische Fest gewesen. Die ganze Familie kam zusammen, um die Befreiung aus der ägyptischen Sklaverei zu feiern.

Ich hatte diese Geschichte mein ganzes Leben lang gehört, seit ich ein kleines Kind war. Aber ich konnte nicht verstehen, warum Yeshua und seine Jünger Pessach feierten. Ich war überrascht, daß Yeshua ein jüdisches Fest feierte. Ich dachte, Yeshua sei der Gott der Heiden, er habe etwas mit dem Papst und Maria und dem Vatikan zu tun, aber nicht mit dem jüdischen Volk. Aber jedes Jahr um die Weihnachtszeit hörte ich schöne Lieder über Yeshuas Geburt, und einige von ihnen bewegten mich, vor allem das Lied »Noël, Noël. Born is the King of Israel.« (Deutsch: Weihnacht, Weihnacht. Der König Israels ist geboren.)

Ich fragte nach weiteren Informationen und landete schließlich bei der »Bible Society« wo ich ein Neues Testament fand. Der Text, an den ich geriet,

war Matthäus 1,1 und ich las: »Dies ist der Stammbaum von Yeshua, dem Mashiach (Messias), dem
Sohn Davids, des Sohnes Abrahams ...« Ich war völlig
überrascht. Gott begann, den Schleier von meinen
Augen zu nehmen, und ich sah, daß Yeshua ein Jude
war. Er war der Sohn Davids und der Sohn Abrahams!
Und so begann ich, das Matthäusevangelium mit großem Interesse zu lesen. Ich unternahm den ernsthaf-
ten Versuch, all meine vorgefaßten Ansichten über die
Person Yeshua zur Seite zu schieben. Als ich über die
wunderbare Geburt Yeshuas las und daß Gott Joseph
befohlen hatte, ihm den Namen »Immanuel« (»Gott
mit uns«) zu geben, sah ich die Verbindung zwischen
Altem und Neuem Testament. Das weckte mein Interesse noch stärker.

Ich war tief berührt, als ich weiterlas über das Leben Yeshuas und seinen Dienst am jüdischen Volk —
wie er in den Synagogen predigte, umherwanderte
und Kranke heilte, Leprakranke rein machte und Tote
auferweckte. Ich war bewegt von seinem Mitgefühl
für Menschen in Not, und seine Lehre fand ich er-
staunlich.

Als ich zu der Beschreibung seiner Pessach- oder
»Abendmahls«-Feier kam, fragte ich mich wirklich:
»Wer ist dieser Yeshua?« Die Antwort kam etwas später im Matthäusevangelium, als Yeshua gekreuzigt
und eine Inschrift über ihm aufgehängt wurde, die
sagte »Dies ist Jesus, der König der Juden« (Mt
27,37). Als ich das las, war ich tief bewegt und legte
das Buch nieder. Ich fragte mich: »Warum schreiben
sie ›Yeshua, König der Juden‹ und nicht ›Dies ist
Yeshua, der falsche Prophet‹ oder ›Der falsche Mes-

sias‹ oder ›Der Gotteslästerer‹, oder irgendeine der anderen Anklagen, die gegen ihn vorgebracht worden waren? Warum ›König der Juden‹?«

Ich begann, mit Gott zu ringen über die Frage: Wer ist dieser Yeshua und was bedeutet »König der Juden«? Das Bild, Yeshua ans Kreuz genagelt, blutend, leidend und sterbend, mit dieser Inschrift über seinem Kopf »Dies ist Yeshua, König der Juden« blieb mir haften. Langsam wurde der Schleier über meinem Geist weggezogen, und plötzlich erkannte ich Yeshua als meinen König, den König der Juden. Ich brach in Tränen aus und schluchzte herzzerreißend. Ich konnte mich nicht mehr beherrschen.

Diese Offenbarung überwältigte mich vollkommen. Von diesem Moment an war ich wiedergeboren. Genau wie bei der Geburt eines Babys geschah es unter Schmerzen, Tränen und Gefühlsausbrüchen. Ich weinte eine halbe Stunde lang bitterlich. Als ich wieder Kontrolle über mich hatte, las ich im Evangelium weiter und gelangte zu meiner unaussprechlichen Freude zu der Stelle, wo von Yeshuas Auferstehung von den Toten berichtet wird. Ich wußte nichts davon, es war mir vollständig neu. Ich las, wie der Engel des Herrn vom Himmel herabkam und zu Maria Magdalena am Grab sagte« . . . ich weiß, ihr sucht Yeshua, der gekreuzigt wurde. Er ist nicht hier, er ist auferstanden, genau wie er gesagt hat« (Mt 28, 6).

Ich war so glücklich, daß ich vor lauter Freude in meinem Zimmer herumtanzte. Er war nicht nur gestorben, sondern er war wieder auferstanden! Ich konnte nicht anders, als mein ganzes Leben Yeshua zu übergeben. Jetzt und hier wurde ich sein Jünger.

Ich hatte keinerlei Kontakt zu irgend jemand sonst. Ich wußte nicht einmal, ob es noch andere Juden gab, die ein solches Erlebnis gehabt hatten. Ich dachte, ich sei der einzige Jude, der an Yeshua glaubte. Ein ganzes Jahr lang behielt ich dieses Ereignis für mich. Mein Bruder lebte in Kalifornien, und schließlich fuhr ich dorthin und erzählte ihm, daß ich den Messias gefunden hätte. Ich sprach sehr offen darüber. Ich sagte ihm, was ich entdeckt hatte. Und mein Bruder lernte den Herrn ebenfalls kennen. Auch das ist sehr biblisch: Ein Bruder erzählt dem anderen die gute Nachricht und führt ihn zum Herrn.

Meine Eltern wußten zunächst nicht, was sie davon halten sollten. Sie verstanden nicht so recht, was mit ihren zwei Söhnen geschehen war. Aber sie sahen deutlich die ungewöhnlichen Veränderungen in unserem Leben, und das führte sie zu einer immer positiveren Haltung. In Kalifornien traf ich zum erstenmal andere Gläubige. Zu der Zeit war Gott dort durch seinen Geist am Wirken. Die Yeshua-Bewegung begann an der Westküste. 20 % der Hippies, die zum Glauben an Yeshua kamen, hatten einen jüdischen Hintergrund.

Jetzt erklang zum erstenmal die Botschaft, daß ein Jude an Yeshua glauben und immer noch jüdisch bleiben konnte.

Jeder, der den Herrn gefunden hat, hat dies auf eine andere Art getan. Die meisten jüdischen Menschen finden Yeshua durch das Zeugnis eines anderen jüdischen oder christlichen Freundes. Aber bei mir geschah es ohne menschliche Vermittlung. Gott offenbarte sich mir souverän.

Ich hatte mich im Alter von dreizehn Jahren vom rabbinischen Judentum abgewandt, aber nun, nachdem ich Yeshua gefunden hatte, wurde mein Lebensstil jüdischer als zuvor, und ebenso meine Moralvorstellungen. Mein Verhalten wurde aufrecht, ich begann, Gottes Gebote zu halten. Das machte besonders Eindruck auf meine Eltern. Sie sahen die Veränderungen bei mir, und das machte sie neidisch.

Im Januar 1974 machte ich die *Alija* (Einwanderung) nach Israel. Während der ersten Jahre half ich, die Gemeinden in Rosh Pinna und Tiberias und Nahariya in Galiläa aufzubauen. In Netanya, im Haus der messianischen Leiter David und Lisa Loden, begegnete ich meiner Frau Pamela. Wir heirateten 1982 und zogen 1985 nach Jerusalem. Hier hoffen wir zu bleiben, bis der Herr wiederkommt. Ich helfe Pamela als ihr Manager, und sie hilft mir, meiner Berufung zum Dienst als Ältester der Gemeinde nachzukommen.

In den neunziger Jahren begann Pamela, immer mehr prophetische Bilder zu malen. Sie hat angefangen, das zu malen, was wir auf hebräisch ›G'eulah Sh'leimah‹, die völlige und endgültige Erlösung des jüdischen Volkes, nennen. In diesem Werk folgt sie der Geschichte des jüdischen Volkes seit 1930: zuerst die europäischen Juden während des Nazi-Holocausts, dann die Gründung des Staates Israel, die Wiedervereinigung Jerusalems und schließlich das Ende der Zeiten und die Wiederkehr des Messias. Es ist ein monumentales Werk.

Die endgültige Wiederherstellung Israels vollzieht sich in einzelnen Phasen. 1948 wurde der Staat Israel gegründet. Gott brachte das jüdische Volk in sein Land zurück. Nach 19 Jahrhunderten der Zerstreuung unter den Nationen kamen sie in ihr eigenes Land zurück und begannen den Wiederaufbau Israels in ihrem eigenen, gottgegebenen Land.

Nach dem Sechs-Tage-Krieg 1967 gab Gott die Stadt Jerusalem seinem Volk zurück. Yeshua sagte, daß Jerusalem »von den Heiden zertreten werden wird, bis die Zeit der Heiden erfüllt ist« (Lk 21,24). »Von den Heiden zertreten« heißt, daß die Stadt der Herrschaft der Heiden unterworfen ist. 1980 erklärte Premierminister Begin Jerusalem zur »einzigen unteilbaren Hauptstadt des jüdischen Volkes für alle Ewigkeit«.

Zur selben Zeit begann Gott seinen Geist über viele Juden auf der ganzen Welt auszugießen. Ich nehme an, daß dies ein Wendepunkt war, ein erstes klares Zeichen dafür, daß sich der Schleier hebt, der Schleier der Verblendung der Herzen Yeshua gegenüber.

Nun warten wir auf das Stadium in Gottes *G'eulah Sh'leimah,* wenn Gott die Blindheit hinsichtlich der Person und des Wirkens des Messias Yeshua wegnehmen wird.

Sacharja 12,10 sagt, daß Gott »ausgießen wird auf das Haus David und die Bewohner Jerusalems einen Geist der Gnade und des Gebets. Sie werden auf mich sehen, den sie durchbohrt haben ... und um ihn trauern ... und bitterlich betrübt sein«, und er wird »einen Brunnen öffnen dem Haus David und den Bewohnern Jerusalems, um sie von Sünde und Unreinheit zu reinigen« (Sach 13,1).

Aus diesem Grunde lebe und arbeite ich in Jerusalem — um das Evangelium dem jüdischen Volk zu bringen und für die Rettung Israels zu beten — damit wir Yeshua sehen werden, wie er wirklich ist. Dazu brauchen wir Offenbarung. Petrus sagte über Yeshua »Du bist ... der Sohn des lebendigen Gottes« (Mt 16,16), und Yeshua sagte, »dies wurde dir nicht von Menschen offenbart, sondern von meinem Vater im Himmel«. Für einen Juden ist dies theologisch schwer zu verstehen. Es wird immer ein Geheimnis sein, wie Gott einen Sohn zeugte, und er von der Jungfrau Maria geboren wurde, und wie doch Vater und Sohn eins bleiben. Aber durch die übernatürlichen Gaben des Glaubens können wir Dinge verstehen, die unser natürlicher Verstand nicht erfassen kann.

Für uns Juden, die wir das *Shema Yisrael, Adonai Elohenu, Adonai Echad* (Höre Israel, der Herr ist unser Gott, der Herr allein — 5. Mose 6, 4) haben, ist es besonders schwierig zu verstehen, daß es einen Vater, Sohn und Heiligen Geist gibt. Es kann nicht begriffen werden, wir müssen unsere Herzen der Offenbarung öffnen. Gott hebt den Schleier des Unglaubens vom jüdischen Volk. Nie zuvor in der Geschichte wurden so viele Bücher über Yeshua geschrieben, noch haben jemals Juden so viele positive Dinge über ihn gesagt. Er ist außerdem das Thema vieler Überlegungen in orthodoxen, wie auch in weltlichen Kreisen. Sie sagen, er sei ein bedeutender Jude gewesen, ein großer Rabbi und gehen sogar so weit zu sagen, daß er ein großer Prophet war.

In ihm den jüdischen Messias zu erkennen, ist der nächste Schritt in dieser geistlichen Entwicklung. Wenn er wiederkommt und seine Füße auf dem Ölberg stehen, dann erst werden wir die volle Erkenntnis darüber haben, wer er ist. Für mich ist Yeshua nicht nur der Sohn Gottes, er ist alles und jedes, was uns das Neue Testament mitteilt. Er ist mein Herr und Erretter, mein König und Erlöser, mein Bräutigam und mein Gott.

Als messianische Juden sehen wir es als unsere Berufung an, einen authentischen jüdischen Lebensstil zu entwickeln. Es ist ein laufender Prozeß, der gegen die Vorwürfe ankämpft, die gegenüber Juden, die an Yeshua glauben, über die Jahre hin erhoben wurden, daß sie sich nämlich nicht länger wie Juden verhalten und im Grunde gar nicht mehr jüdisch sind, weil sie zu einer anderen Religion übergetreten sind. Wir müssen einen authentischen messianisch-jüdischen Lebensstil entwickeln.

Messianische Gemeinden müssen im ganzen Land angesiedelt werden, und wir müssen unsere eigene, wahre Identität entdecken. Dieser Prozeß begann 1967, und wir haben immer noch eine Menge zu lernen. Aber wir fangen an, unsere messianisch-jüdischen Wurzeln zu entdecken, und wir gehen zurück auf das erste Jahrhundert n. Chr., um zu entdecken, wer wir wirklich sind.

Die Reaktionen auf all dies sind vielfältig. Manche orthodoxe Juden, geblendet durch ihre eigenen Vorurteile, betrachten uns nicht mehr als Juden. Selbst wenn wir das Gesetz Moses in der strengstmöglichen Form halten sollten, würden sie uns immer noch als Juden ablehnen. Die säkularen und selbst die atheistischen Juden sehen uns jedoch immer noch als Juden. Für sie spielt es keine Rolle, ob wir das Gesetz Mose halten oder nicht.

Ich glaube wirklich, daß wir in der Zeit leben, in der die geistliche Blindheit der Juden verschwinden wird. Dies ist der nächste und wichtigste Schritt in Gottes Plan mit Israel.

Während der letzten zehn Jahre hat sich so viel verändert. Eine neue Generation ist herangewachsen. Die neue Generation der *Sabras* sind nun Erwachsene. Die Generation von Ben Gurion, Golda Meir und Menachem Begin ist vergangen und ihr Platz wurde von *Sabras* eingenommen, jungen israelischen Juden, die in diesem Land aufgewachsen sind. Sie sind weniger abweisend gegenüber dem Evangelium.

Die Generation, die den Holocaust überlebte und in dieses Land zurückkehrte, kam mit tiefen Wunden und voller Unglauben. Aber ihre Kinder sind in diesem Land aufgewachsen, und sie sehen die Dinge anders. Und diese junge Generation geht durch die gleichen Entwicklungsphasen wie die Jugend in anderen Teilen der Welt. Drogenmißbrauch, alternative Musik, die Suche nach Wahrheit, Opposition zum Militarismus — diese universellen Jugendprobleme brechen auch hier auf. Auch ich bin da hindurchgegangen und kam als Glaubender heraus. Halleluja!

Deshalb erwarte ich eine große Ernte in den nächsten zehn Jahren! Ich glaube fest, daß die messianischen Juden eine Brücke zwischen den gläubigen Christen und dem jüdischen Volk bilden. Dies ist eine wichtige Entwicklung in der Geschichte Israels. Christen haben eine besondere Verantwortung, für Israel zu beten und den messianischen Gemeinden zur Seite zu stehen. Und die messianischen Juden

sind die natürlichen Zweige, die »in ihren eigenen Öl-
baum eingepflanzt werden« (nach Röm 11, 24).

Den Juden, die dies lesen und die Yeshua Ha-
Mashiach noch nicht gefunden haben, möchte ich
gerne sagen, daß wir alle unsere vorgefaßten Meinungen und Vorurteile gegenüber dem, wer Yeshua ist,
beiseitestellen müssen. Wir müssen auch die Kirchengeschichte für den Augenblick zurückstellen und zu-
rückgehen zu der Zeit vor der Zerstörung des zweiten
Tempels. Die Frage ist: »Warum wurde der zweite
Tempel zerstört und Yeshua in der jüdischen Geschichte nahezu unkenntlich gemacht?« Der einzige
Weg, herauszufinden, wer Yeshua ist, ist der, das Neue
Testament selbst durchzulesen, selbst wenn dies das
erste Mal im Leben ist. Die größte Frage ist nicht:
»Wer ist ein Jude?«, sondern: »Wer ist Yeshua aus Nazareth?«

Wir sind an einem wichtigen historischen Moment angekommen. Jedermann ist begeistert über
den Auszug der russischen Juden, und das ist natürlich ein großes Ereignis in unserer Geschichte. Aber
Gottes wirkliche Absicht für die letzten Tage ist die
geistliche Wiederherstellung Israels, die endgültige
Erlösung des jüdischen Volkes. Das, und der Zusammenbruch der Trennungsmauer zwischen Juden und
Christen, ist die tiefste Sehnsucht in Gottes Herzen.
Sein Plan für Israel ist es, daß Israel wieder zum
»Licht der Nationen« und ein »Königreich von Prie-
stern« werden sollte. Dann können wir unsere messianische Berufung erfüllen und Gott dem Rest der Nationen auf der Erde gegenüber repräsentieren. Dann
wird »das Gesetz ausgehen von Zion, das Wort des

Herrn von Jerusalem« (Mi 4, 2). Dann werden die Nationen jedes Jahr nach Jerusalem hinaufziehen, um den Herrn anzubeten (Sach 14,16). An jenem Tag wird »ganz Israel gerettet werden« (Röm 11,26).

2.

Elhanan,
der Künstler

Im Taxi fuhr ich nach Gilo, einem der schönen Vororte von Jerusalem. Als ich die weißen Häuser sah, die sich entlang der Berge erstreckten, dachte ich an die Bibelstelle, die sagt, daß Jerusalem sein wird »wie eine Stadt«, und ich dachte: »Wie schön wird es hier im Frühling sein, wenn die rosa Blüten der Bougainvillae sich gegen die weißen Wände abheben.«

In mehr als einer Hinsicht war dies ein Morgen voller Schönheit und Farbe. Das Treffen mit dem Künstler Elhanan Ben Avraham (45 Jahre alt) und seiner Frau Julie war erfrischend.

· Zuerst zeigte mir Elhanan, dessen Locken langsam grau wurden und dessen Bart tadellos gepflegt war, ein Album mit Fotos seiner Arbeiten. Ein Wandgemälde erinnerte mich an die Arbeiten meines Vaters, und ich lud Elhanan ein, zu kommen und Vaters wunderschönes Wandgemälde »Die Quelle« anzusehen.

An diesem Morgen war sehr oft von der »Quelle« die Rede, denn Elhanan hatte den größten Teil seines Lebens damit verbracht, »die Quelle« zu suchen. Er suchte in vielen Ländern und hatte viele verschiedene Erlebnisse, bis er schließlich Gott fand.

Elhanan bot mir einen Sitzplatz in der *succa* auf dem Balkon an, denn es war die Woche des Laubhüttenfestes. Während wir sprachen, wehte eine sanfte Brise in den Ästen der Weide auf dem Dach der *succa*.

Julie brachte eine Schüssel Nüsse und eine Karaffe Fruchtsaft. Dann beteten wir. Elhanan betete recht poetisch, daß Gott uns »in der *succa* seines Friedens« erhalten möge.

Ich komme aus einer jüdischen Familie, die aus Ungarn und der damaligen Tschechoslowakei in die Vereinigten Staaten auswanderte. Später zog unsere Familie, so wie viele andere, immer weiter in den Westen der USA. Nach einiger Zeit blieben wir dann in Kalifornien, wo ich auch aufwuchs.

Man könnte uns eine durchschnittliche jüdisch-amerikanische Familie nennen: konservativ, aber nicht orthodox. Wir waren nicht übermäßig religiös und wußten nicht viel von der Bibel. Aber wir waren uns immer der Tatsache bewußt, daß wir Juden waren, auch wenn wir die Tiefe dessen nicht erfassen konnten.

Ich wuchs mit dem Gefühl auf, immer am falschen Ort zu sein und in der falschen Zeit zu leben. Die Kinder, mit denen ich spielte, waren uninteressant. Ihre Witze waren nicht richtig lustig. Verstehen Sie, was ich meine?

Als ich in den sechziger Jahren 25 wurde, veränderte sich die Welt. Vielleicht wurde Gottes Geist ausgegossen, das weiß ich nicht. In dieser Zeit wurde Jerusalem wiedererobert, worauf die Juden 2000 Jahre gewartet hatten. Die Hippie-Bewegung blühte, und in Kalifornien bekam man von allem viel mit.

Irgend etwas zerrte an mir, aber ich wußte nicht, was es war. Ich fühlte mich von meiner Generation entfremdet. Ich dachte immerfort: »Es muß etwas geben, was größer ist als das, was ich sehe.«

Die Vorbereitung auf meine *Bar Mizwa* brachte mir nichts. Ich sagte: »Die sprechen nur über Gott, aber ich kann ihn nicht sehen.« Meine Eltern schlugen mir vor, den Film »Die Zehn Gebote« anzusehen. Damals war ich zwölf Jahre alt. Der Film sollte mich ansprechen und für die religiösen Unterweisungen motivieren. Wir sahen den Film an, und ich fand ihn wirklich großartig. Ich war bewegt und sagte: »Wenn es einen Gott gibt, dann ist er genau so.« Aber in Kalifornien war Gott nicht so real wie auf dem Berg Sinai. Ich konnte seine Gegenwart nicht spüren und brach die Vorbereitungen für meine *Bar Mizwa* ab.

Als ich auf die Universität ging, um Kunst zu studieren, hatte ich auch mein Bündel Probleme. Ich stellte meine Gemälde bei einer Ausstellung in der Brand-Bibliothek in Glendale aus und verdiente damit etwas Geld. So beschloß ich: »Ich gehe. Ich besorgte mir eine Fahrkarte nach Europa.« Ich packte meine Farben und Pinsel ein und wollte abwarten, wo ich landete.

Damals hatte ich meine eigene Philosophie entwickelt, die sich folgendermaßen zusammenfassen ließ: »Alles, was man mir bis jetzt gezeigt hat, ist eine Lüge. Alles, was ich bisher gehört habe, ist im Grunde unwahr. Ich kann nur meiner fünf Sinne sicher sein. Ich kann nur glauben, was ich sehe und erfahre.«

Der wichtigste Teil meiner Philosophie war: »Wir müssen uns auf die Vergangenheit besinnen.« In

Amerika ist nichts älter als 250 Jahre, und alles ist in Zellophan verpackt, so daß man es nicht einmal riechen kann. Also, auf nach Europa! Dort gibt es Vergangenheit, dort kann man wenigstens frisches Brot riechen.

Ich kam in Paris an und konnte wirklich von der Straße aus die Bäckerei riechen. Ich wollte nicht begrenzt werden; ich wollte berühren, fühlen, riechen, sehen und alles selbst erfahren. In Europa kann man die Mauern berühren, an denen Napoleon einst lehnte. In Amerika konnte ich darüber lesen — hier konnte ich es fühlen.

Ich lebte fünf Jahre lang in Paris. Ich verdiente meinen Lebensunterhalt mit Illustrationen und dem Schreiben von Artikeln und Geschichten. Bei der Ile Saint Louis hatte ich ein hübsches Studio.

Ich schaute mich in den Nachbarländern um: in England, Deutschland und Italien. Immer wieder versuchte ich, mich in die Geschichte zurückzuversetzen. In Rom spürte ich etwas von der Quelle. In mir begann etwas zu wachsen, was nach und nach Gestalt annehmen würde. Der Heilige Geist, der mich von der Wiege an gerufen hatte, erfüllte mich mit Sehnsucht.

Ich wollte noch weiter in die Vergangenheit gehen und reiste von Rom nach Griechenland, zur Wiege der westlichen Zivilisation. Ich schrieb alles auf, was ich dort erlebte, was ich sah und hörte. Später staunte ich über das, was ich zu Papier gebracht hatte.

Aber ich hatte immer noch nicht die Wahrheit gefunden. Den größten Teil meines Lebens hatte ich mit sichtbaren Künsten verbracht, aber wie konnte ich die Quelle zeichnen, wenn ich nicht wußte, wo sie war und was sie war? Mir war alles im Wege: zu viel Technik, zu viele Künstler und Väter und Mütter.

Ich war eine verlorene Seele, die sich selbst suchte. Das hebräische Wort für Sünde ist *chet*. Das bedeutet soviel wie ein Gewehr abfeuern und das Ziel verfehlen. Ich ging in die falsche Richtung und verfehlte den Sinn meines Lebens.

Mein Leben wurde düster, besonders auf dem Gebiet der Liebe. Ich führte ein unmoralisches Leben, aber sogar das war eine Art Suche. Ich suchte Wahrheit und Liebe, aber am falschen Ort.

Ich war mir auch kaum darüber im klaren, daß ich ein Jude war. Einmal wurde ich gefragt: »Bist du ein Jude?«

Ich antwortete: »Was ist ein Jude?«

Die Person fragte mich: »Sind deine Eltern Juden?« »Ja«, sagte ich.

»Dann bist du ein Jude. Möchtest du nach Israel?«

Ich erwiderte: »Niemals!« Israel war der letzte Ort, den ich besuchen wollte.

Ich arbeitete mit einem Freund zusammen, den ich seit meinem fünften Lebensjahr kannte. Er schrieb Bücher, ich illustrierte sie. Dieser Freund schlug vor: »Laß uns nach Brasilien gehen«, und ich sagte: »Warum nicht?« Im Laufe der vergangenen fünf Jahre hatte ich alles erlebt, was man in Europa erleben konnte, und ich wollte weg. Die Quelle war nicht in Europa, soviel wußte ich jetzt.

Wir besorgten uns Tickets nach Brasilien, und alles, was ich dort anfaßte, verwandelte sich in nichts. In Europa war alles von Erfolg gekrönt gewesen, aber nun hatte ich ein neues Kapitel begonnen, und die Segnungen waren verschwunden.

Erstens waren da die Finanzen. Ich war vor meinem Freund angekommen, und mir ging das Geld aus.

Ich fand eine Wohnung und zog ein, aber ich hatte die kulturellen Unterschiede unterschätzt. Brasilien ist nicht Europa. Als Amerikaner kann man sich in Europa noch ein bißchen zu Hause fühlen, aber Brasilien ist wirklich wie ein anderer Planet. Es ist einfach und gefühlsbetont. Die Hitze macht dich fertig. Die intellektuelle Herausforderung fehlt, und man fühlt sich die ganze Zeit nur klebrig und verschwitzt. Alles dreht sich ums Gefühl.

Als ich in diese Wohnung zog, fiel mir gleich der Aufkleber an der Tür auf: *»Deos esta presente e vive Jesus«* — »Gott ist hier, und Yeshua lebt.« Ich öffnete die Tür — damals kannte ich den *Ruach Hakodesch* noch nicht — und es war mir, als ob in meinem Herzen etwas sagte: »Du öffnest die Tür zu einem neuen Abschnitt deines Lebens.« Ich trat ein und fühlte mich wie Alice, als sie durch das Kaninchenloch ins Wunderland trat. Ich fiel in eine tiefe, zähe Dunkelheit. Von diesem Moment an ging nichts mehr gut. Wenn ich meine Hand nach etwas ausstreckte, verschwand es, und ich griff in die Luft. Ich konnte mich selbst nicht leiden und war schrecklich einsam. Aber dennoch war ich tief in meinem Herzen sicher, daß ich mich auf die Quelle zubewegte.

Ich sah die einfachen, ungezügelten Emotionen. Die westliche Kultur hatte hier nicht viel berührt. Jedes innere Bedürfnis wurde in seiner groben, direkten Form ausgedrückt. Mit anderen Worten, hier war ich weiter in der Vergangenheit als in Griechenland: dies war Afrika. Das afrikanische Element ist in Brasilien stark ausgeprägt, stärker als im restlichen Südamerika, und besonders stark in Rio de Janeiro.

Ich arbeitete weiter an dem Buch, und während meiner Arbeit trat die Person Yeshua immer weiter in den Vordergrund meiner Gedanken. In Frankreich hatte ich Artikel gegen das offizielle Christentum und die Kirchen geschrieben und war für den Juden am Kreuz eingetreten, der mißverstanden wurde. Irgendwie fühlte ich mich ihm verbunden: mit Yeshua, dem mißverstandenen Juden.

Aber Religion lag mir nicht; ich wußte zu genau, was wahr und unwahr ist, und ich sah zu viel Heuchelei. Insbesondere haßte ich die Art, wie sich Christen und Juden gegenseitig verurteilten. Sie wissen, wie das ist: »Mit dem darfst du nicht sprechen, der ist ein *goy*« — »Du kannst nicht sein Freund sein, das ist ein Jude«, und so weiter.

Ich wollte um jeden Preis die Wahrheit finden, die Quelle. Schluß mit den Kompromissen, Schluß mit der Suche nach einem Beruf oder einer eigenen Familie. Wie konnte jemand wie ich in eine solche Welt Kinder setzen?

Manchmal dachte ich: »Ich werde ein angesehener jüdischer Illustrator. Aber woran kann ich mich halten? Diese Schublade hat zwar eine Aufschrift, aber keinen Griff!« In jeder Schublade, die ich öffnete, fand ich nur Staub und Leere.

Ich fühlte mich während meiner vier Jahre in Brasilien wie ein Fisch auf dem Trockenen. Ich sah

Dinge um mich, die niemand sonst sah. Wenn ich mit Freunden unterwegs war, sagte ich oft: »Hast du das und das gesehen? Das kann kein Zufall sein.« Meine Freunde nannten mich den »kein Zufall-Mann«. Ich sah eine bestimmte Regel, eine Ursache und eine Wirkung, einen Plan. Ich konnte nur nicht herausfinden, was der Plan war.

Ich war 30 Jahre alt und schon wie ein alter Mann. Ich hatte alles gesehen und alles gemacht. Ich fand keine Hoffnung in dem, was ich gelesen oder gesehen hatte. Egal ob Politik, Religion oder Kunst — nichts enthielt Wahrheit.

Ich stellte fest, daß viele Künstler sich das Leben nahmen und ihre Freunde voller Schmerz zurückließen. Anfang 1977 hatte ich einen Traum. Ich stand neben einem Gartenteich. Es war ein wundervoller kühler Abend. Auf dem Teich lag eine dicke Glasplatte mit einer kleinen Öffnung. Die Wasserpflanzen preßten sich gegen die Unterseite des Glases. Es war so schön, daß ich mich auszog und ins Wasser sprang, durch die Öffnung in der Glasplatte hindurch. Erst dann wurde mir klar, daß ich unter der Glasplatte keine Luft bekommen würde. Und während ich schwamm, konnte ich die Öffnung nicht wieder finden. Ich mußte atmen, aber ich konnte nicht. Das war das Ende meines Traums.

Aber ich wachte nicht auf. Ein zweiter Traum folgte unmittelbar. Ich hatte den ersten Traum ganz vergessen, aber wieder spazierte ich am Teich entlang. Diesmal betrat ich die Glasplatte, um zu sehen, wie stabil sie war. Ich stellte fest, daß sie mein Gewicht aushielt und bewunderte die Seerosen unter der Glasplatte. Zwischen den Seerosen bemerkte ich das weiße, verwesende Gesicht eines Ertrunkenen. Als ich genauer hinsah, war es mein Gesicht. Dann wachte ich auf, verwirrt von dem Traum, und dachte: »Man sollte solche Träume nicht haben«. Später aber verstand ich ihre Bedeutung.

Im Januar 1977 besuchte ich mit einigen Freunden den Karneval in der Stadt Salvador. Damals war der Karneval in Salvador noch einfach, nicht so kommerzialisiert wie in Rio. Der Karneval wurde auf den Straßen gefeiert, und alle machten mit. Alles fand auf den Straßen statt: Musik, Tanz, Drogen, Fluchen und Magie. Alles, was die Menschen das restliche Jahr über unterdrücken, wird herausgelassen. Die Menschen dort sind sehr arm, aber während des Karnevals leben sie auf.

In diesen Tagen begann Gott erneut, mir mit seinem Heiligen Geist ganz tief zu begegnen, und ich spürte, daß ich mich der Quelle näherte.

Ich hatte eine Vision, die drei Tage und Nächte dauerte. Es gab praktisch keinen Unterschied mehr zwischen Wachen und Schlafen. »Es gibt nur zwei Möglichkeiten«, dachte ich. »Dies ist entweder die Erfüllung von allem, was ich jemals gesucht habe, oder es gibt nur satanische Dunkelheit ohne Hoffnung.« Ich erkannte, daß es dazwischen keine Grauzone gab; auf der einen Seite war Licht, auf der anderen Dunkelheit. Es war wie in dem Lied von Bob Dylan: »Du mußt jemandem dienen, und das kann der Teufel oder Gott sein.«

Ich war mit meinen Freunden zusammen, traf Leute, schaute dem Karneval zu, aber Gott sprach ständig zu mir. Er sprach durch die Leute, die ich traf.

Zum ersten Mal wurde ich mir meiner Sündhaftigkeit bewußt. Ich erkannte, daß meine Sünden den Höhepunkt erreicht hatten. Man steckt ein Samenkorn in die Erde, dort bleibt es einige Zeit, schlägt Wurzeln, wächst, und schließlich ist seine Frucht reif.

Ich erkannte auch, daß Sünde eine Infektion ist, die unabwendbar zum Tode führt. Es war, als ob jemand das Licht angemacht hätte, und eine Lampe hatte begonnen, in einen Raum voller Müll zu scheinen. Ich konnte es nicht mehr ertragen. Ich konnte so nicht mehr leben!

Einige kleine Dinge wiesen noch in die Richtung Yeshuas, und das gab mir einen besonderen Frieden. Zum Beispiel traf ich ein Mädchen, das eine Silberkette mit einem Anhänger trug, der ein Senfkorn enthielt. Ich fragte sie nach dessen Bedeutung, und sie erzählte mir ein Gleichnis: Glaube ist wie ein kleines Samenkorn mit einer enormen Kraft, so daß es eine große Pflanze hervorbringen kann. Ich entdeckte, daß Yeshua dies vor 2000 Jahren gesagt hatte. Und dieses junge Mädchen im brasilianischen Salvador trug einen Anhänger, der daran erinnerte. Und ich, ein Jude, wurde davon angerührt. Dieses Wort traf nicht nur meinen Verstand, sondern auch mein Herz, meinen Geist und meine Seele. Es war ein lebendiges und aktives Wort.

Der Schleier über meinem Geist begann zu verschwinden, und ich konnte klar sehen. Die Bibel sagt uns, daß dieser Schleier die Gedanken von uns Juden bedeckt. Er ist wie der Vorhang, der im Tempel zwischen dem heiligen Platz und dem Allerheiligsten hing und der von oben nach unten zerriß. Mein Leben lang hatte ich versucht, diesen Vorhang von unten zu zerreißen, aber ich hatte es nie geschafft.

Nun zerriß ihn Gott von oben, und plötzlich sah ich alle Teile meines Lebens — die Jahre in Los Angeles, Paris, Griechenland und Brasilien. Verschiedene Orte und Menschen zogen durch meine Gedanken.

Plötzlich breitete sich meine ganze Vergangenheit aus wie eine Schriftrolle, die geöffnet wird. Die Vergangenheit meiner Eltern erschien, und dann zeigte die Geschichte, wie ihre Eltern aus Ungarn gekommen waren und ging sogar zurück bis in das Land Israel. Ich sah Zion, die Stadt des Großen Königs — etwas, worüber ich noch nicht einmal nachgedacht hatte. Ich ging zurück nach Ägypten, zum Auszug, zum Patriarchen Abraham. Die geöffnete Schriftrolle wies keine Lücken auf. All das war nicht nur Geschichte, sondern eine geistliche Wirklichkeit für mich. Die Geschichte erwachte zum Leben.

Ich war so weit, meine Sünden zu bekennen. Der Herr erinnerte mich an Menschen, die ich benutzt hatte. Ich weinte über die Freunde, deren Gefühle ich ausgenutzt hatte. Ich mußte einen Freund, der bei mir war, um Vergebung bitten. Er sagte: »Oh, das ist nicht so schlimm«, aber ich fand es schlimm. Ich weinte vor meinen Freunden, denn meine Worte und Taten hatten sie verletzt. Ich konnte das, was der Heilige Geist mir zeigte, nicht ertragen. Ich dachte: »Entweder werde ich verrückt, oder ich treffe den lebendigen Gott.«

Der Freund, mit dem ich an dem Buch arbeitete, war Christ, aber er übte seinen Glauben nicht aus. Er machte sich Sorgen um mich. Er ging in die Stadt, und als er wiederkam, sagte er: »Hör mal, ich weiß, daß du eine schwierige Zeit durchmachst. Ich habe jemanden getroffen, der dir vielleicht helfen kann.« Ich fragte: »Wer ist das?« Er gab mir einen Zettel. Darauf stand der Name eines Psychologen — er hieß Dr. Nazareth.

Da war es wieder! Noch ein Hinweis darauf, daß der einzige, der meine »Infektion« heilen konnte, der Mann aus Nazareth war. Nicht dieser Mann aus Salvador, der mir wahrscheinlich Valium geben oder mich mit schönen Worten besänftigen würde, sondern der Mann, der am Kreuz gestorben war. Deshalb sagte ich: »Tut mir leid, aber ich gehe nicht zum Arzt.«

Der Herr führte mich zum Strand der *Baia de Todosos Santos,* der »Bucht aller Heiligen«. Es klingt morbid, aber ich weiß jetzt, warum Yeshua sagte, daß man nicht wiedergeboren werden kann, ohne vorher zu sterben. Das wird auch bei der Taufe deutlich. Natürlich wußte ich darüber damals nichts. Ich legte meine Identität am Strand ab, das heißt, meine Brieftasche mit allem, was darin war und rannte ins Wasser.

Ich fühlte mich, als käme ich nahe an die Quelle, an der meine Infektion geheilt werden konnte. Das Eigenartige war, daß ich tatsächlich eine Infektion am Fuß hatte, die eine Art Symbol für die Krankheit meiner Seele war. Ich wollte nicht noch mehr Menschen mit meinen »Bakterien« anstecken. Es wäre ein Verbrechen, so weiterzumachen. Ich hatte genug von meinen Gemälden, meinen Artikeln, von meiner Art, mit Leuten umzugehen. Ich war so unrein vor Gott, so wie Jesaja, der sagte: »Weh mir (…)! Denn ich bin unreiner Lippen und wohne unter einem Volk von unreinen Lippen.«

Ich begann, in Richtung Meer zu schwimmen. Ich war bereit zu sterben. Ich dachte: »Gott kann mich holen, wann er will; ich bin bereit.« Ich war in ziemlich guter Form und entfernte mich einen Kilometer von der Küste. Aber da war noch etwas Besonderes: Es war, als käme Gott mit mir. Ich wurde müde, aber er gab mir neue Kraft.

Er führte mich zu drei vulkanischen Felsen, die in der Bucht lagen. Ich kletterte auf den mittleren Felsen, weil ich todmüde war. Als ich mühsam nach oben gekommen war, sah ich etwas Bemerkenswertes: Im Gestein war ein Loch, durch das das Wasser der Wellen floß. Das Geräusch des laufenden Wassers erinnerte an eine Toilettenspülung.

Da erkannte ich, was diese Felsen symbolisierten. Ich war auf die Felsen gestiegen, um von meiner »Infektion« geheilt zu werden. Ich steckte meinen kranken Fuß in das wegfließende Wasser und spürte, wie die Krankheit mich verließ, die Krankheit meiner Seele und meines Fußes. Ich war überwältigt und weinte wie ein neugeborenes Kind.

Nach einiger Zeit schwamm ich zurück an den Strand und hatte das Gefühl, daß Gott selbst mich geheilt hatte. Ich war ein anderer geworden. Meine Brieftasche lag noch da, aber den Mann, dessen Paßbild darin lag, gab es nicht mehr. Es war wie in meinem Traum. Ich schaute ins Gesicht eines Ertrunkenen, der ich selbst war. Hier hatte ein Wechsel stattgefunden: Yeshua hatte den Platz meines alten Wesens eingenommen.

Es war unglaublich, aber wahr. Es war aber auch verwirrend und unklar: Wer konnte mir das erklären?

Als ich wieder in Rio war, fand ich eine Bibel. Ich wußte sehr wenig von der Bibel, aber nachdem ich angefangen hatte, konnte ich nicht mehr aufhören zu lesen. Neun Monate lang tat ich praktisch nichts anderes, als die Bibel Wort für Wort und Seite für Seite zu lesen.

Eines Tages las ich Micha 7, 19: »Er wird sich unser wieder erbarmen, unsere Schuld unter die Füße treten und alle unsere Sünden in die Tiefen des Meeres werfen«. Genau das war mit mir passiert. Ich kenne den jüdischen Brauch *Taschlich.* An *Rosch Haschana* laufen wir betend am fließenden Wasser entlang, um unsere Sünden ins Meer zu werfen.

Ich weinte viel, als ich erkannte, was geschehen war, und zum ersten Mal in meinem Leben fühlte ich mich sauber und leicht. Ich verstand genau, was Paulus gemeint hatte mit den Worten »Ich lebe, doch nun nicht ich, sondern Christus lebt in mir.« Er hat das nicht nur so dahingesagt, er hat das genau so erfahren wie ich.

Mit als erstes zeigte Gott mir direkt durch das Bibellesen, daß ich ein Jude war. Es war, als ob eine Stimme in mir sagte: »Das bist du, das Endprodukt einer langen Geschichte von Juden. Du bist verbunden mit dem Samen Abrahams. Und auch wenn ich dich in die größte Dunkelheit werfe und dich in alle Völker zerstreue, werde ich dich wiederfinden.«

Ich dachte: »Brasilien ist weit weg von Israel, aber ich habe in großer Dunkelheit gelebt, und jetzt ist es Zeit, etwas zu tun«. Die Juden sind ja berufen, Gottes Namen unter den Völkern bekannt zu machen. Ich wußte noch nicht so genau, ob ich mehr von Yeshua wissen wollte, aber ich mochte ihn, weil er ein Jude war.

Ich suchte weiterhin in der Bibel, las sie vom ersten Buch Mose an durch, einschließlich des Neuen Testaments, und ich verlor das Gefühl für die Zeit.

Eines Tages las ich im dritten Buch Mose vom Versöhnungstag und dachte: »Sieh mal an — das ist dasselbe Schema: das eine an der Stelle des anderen; das eine stirbt, und der andere lebt.« Dieser Wechsel, diese Bezahlung für die Schuld, diese Versöhnung — alles war ganz deutlich.

Ich fühlte mich gedrängt, auf die Straße zu gehen. Ich lief ein bißchen umher, schaute nach oben und sah den Davidsstern. Stellen Sie sich vor, mitten in Rio de Janeiro! Was machten all die Menschen hier? Ich ging auf einen Mann zu und fragte: »Was ist denn hier los?« Er sagte: »Wissen Sie das nicht? Heute ist *Jom Kippur!*« Ich hatte nicht bemerkt, daß ich vor der Synagoge stand und daß heute Versöhnungstag war. Gott hatte mich in seinem Wort darüber lesen lassen, damit er mich dann mit seinem Volk zusammenbringen konnte.

Später ging ich zum Oberrabbiner von Rio de Janeiro, weil ich so schnell wie möglich über alles Bescheid wissen wollte. Zunächst mußte ich an der Sekretärin vorbei. Sie wollte wissen, warum ich mit dem Rabbi sprechen wollte. »Können Sie mir einen Termin geben?« fragte ich und erklärte, daß ich mit ihm über Gott sprechen wollte. Ich war so naiv wie ein Kind. Sie dachte, ich mache Witze, und sagte: »Er redet nicht über Gott.« Vielleicht hatte sie auch recht.

Jedenfalls traf ich mich mit dem Rabbi und sprach ihn auf die Bibeltexte an, die weissagen, daß der Messias in Bethlehem geboren werden und für unsere Sünden leiden solle. Er sagte: »Das bezieht sich überhaupt nicht auf Yeshua. Das haben Sie mißverstanden.« Ich entdeckte, daß die Juden zumindest eine Gemeinsamkeit haben: Ein Jude glaubt nicht an Yeshua. Sie streiten über viele andere Dinge, sogar über die Frage: »Wer ist ein Jude?«, aber sie sind sich einig, daß man als Jude nicht an Yeshua glauben kann.

Ich besuchte katholische Kirchen, Pfingstgemeinden und charismatische Gruppen und versuchte herauszufinden, was bei ihnen ablief.

Zwei Jahre später zeigte Gott mir etwas, was ich in meinen kühnsten Träumen niemals erwartet hätte: Ich sollte nach Israel gehen. Ich las: »So will ich euch sammeln aus allen Völkern und von allen Orten (...) und will euch wieder an diesen Ort bringen, von wo ich euch habe wegführen lassen.«

Wieder machte ich mich auf die Reise, zunächst in die Vereinigten Staaten, wo ich meiner Familie erzählte, daß ich nach Israel fahren würde.

Meine Mutter ist eine herzensgute, geistliche, 81 Jahre alte Dame. Meine Familie hat ihren Teil an Segnungen und Flüchen aus der *Tora* empfangen, aber meine Mutter hielt sich immer fest an Gott. Ich erzählte ihr von meinen Erfahrungen und daß ich an Yeshua glaubte. Da fragte sie mich: »Bist du ein Katholik geworden?« Ich sagte: »Keineswegs. Ich bin ein Jude, der den Messias gefunden hat. Erst jetzt weiß ich, was es wirklich bedeutet, ein Jude zu sein. Und ich gehe nach Israel und werde dort als Jude leben.«

Meine Mutter schaute sich im Zimmer um, ob auch niemand sie hören könne, und erzählte mir von einer Vision, die sie vor vielen Jahren hatte. Sie sagte, daß sie Angst gehabt habe, jemandem davon zu erzählen. »Auch ich habe ihn gesehen«, sagte sie. »Er stand genau vor mir: Yeshua. Er breitete die Arme aus — er war so wunderbar.« Dann aber sagte sie geradeheraus: »Natürlich sind wir Juden und glauben nicht an Yeshua, aber er ist ein netter Mann. Man kann nichts gegen ihn haben.« Sie sah, daß Gott mein Leben berührt hatte, und darüber freute sie sich. Später fand auch sie zum Glauben an Yeshua HaMaschiach.

Meine Mutter tat noch etwas. Sie gab mir ein vergilbtes Blatt Papier, auf dem am achten Tage nach meiner Geburt etwas auf Hebräisch geschrieben worden war. Ich hatte es vor dreißig Jahren, am Tag meiner Beschneidung, bekommen, und es trug meinen hebräischen Namen.

Als ich wieder in Rio war, nahm ich es in die Synagoge mit. Ein Mann erklärte mir: »Diesen Namen hast du bei deiner Beschneidung empfangen, Elhanan. Das bedeutet ›Gott hat vergeben, Gott war gnädig‹.«

Ist das nicht wundervoll? Das Stück Papier mit meinem neuen Namen hat über dreißig Jahre auf mich gewartet. Mein englischer Name hatte mir nie so recht gefallen — wie alles andere war er falsch gewesen. Der falsche Ort, die falsche Zeit, der falsche Name. Eine Schublade mit Griff, aber ohne Inhalt. Elhanan — Gott hatte mir vergeben. Das war der Name für mein neues Leben. Ich war wiedergeboren worden und war frei.

Als ich in Rio war, fielen das jüdische *Passa* und das christliche Ostern auf einen Tag. Ich ging in eine Baptistenkirche, aber einige Leute schauten weg, als ich, ein Jude, mit meiner mulattischen Freundin hereinkam. Vieles an mir mußte sich noch ändern, auch wenn Gott mich berührt hatte.

Ich traf mich mit anderen Gläubigen, und wir gingen zu einer Party, die die Marine am Abend vor dem Passafest gab. Wir waren alle alte Freunde, aber dort passierte Seltsames. Während alle tanzten und tranken, ging ich auf den Balkon und begann, Freunden von Gott zu erzählen. Ich hatte nie eine Bibelschule besucht, aber plötzlich wußte ich unheimlich viel über Gott. Meine Freunde schauten mich komisch an, und einige merkten, daß mit mir etwas Besonderes passiert war.

Ich mußte alles hinter mir lassen, und mit Gottes Hilfe schaffte ich das und flog nach Israel.

Die leeren Schubladen aber folgten mir. Ich kann nicht anders: Wenn ich in ein Zimmer komme, schaue ich immer in die Schubladen. So ein Griff ist schön, aber er dient einem Zweck: Man muß an ihm ziehen. Viele Leute finden Griffe nur schön anzusehen, aber ich muß nach ihnen greifen, um den Inhalt der Schubladen zu sehen.

Wieder stellte ich Fragen. Ich sprach mit den orthodoxen Juden und fragte, was es bedeute, ein Jude zu sein.

Ich sagte: »Gott hat mich nicht nach Jerusalem gebracht, damit ich Baptist werde!«

Ich lernte Hebräisch. Portugiesisch, Französisch und Englisch sprach ich schon, aber Hebräisch ist so tief wie das Meer. Die anderen Sprachen sind wie die Wellen an der Oberfläche.

Ich fragte einige Christen: »Gott hat den Kindern Israel geboten, den Sabbat zu halten. Warum tun wir das nicht?«

Sie antworteten mir: »Christus hat damit Schluß gemacht. Wir befinden uns jetzt im Sabbat des Herrn.«

Ich antwortete: »Das klingt gut, aber in der Bibel steht auch: ›Ihr und alle eure Nachkommen, als ewige Ordnung‹.«

Darauf konnte mir niemand antworten. Wieder eine Schublade, die nur Staub enthielt.

Kurz nach meiner Ankunft im Aufnahmezentrum lernte ich meine Frau Julie kennen, und zwar in den Baumwollfeldern im Kibbuz. Wie jemand mir prophezeit hatte, traf ich meine Ruth in den Feldern Israels. Wir heirateten, und sie war die Frau meiner Träume, und uns wurden zwei Kinder geboren.

An einem Sabbatmorgen ließ ich das Auto an, um zur Baptistenkirche zu fahren. Alle waren in der Synagoge oder schliefen. Es war absolut still, und das Geräusch des Motors störte die Ruhe.

Ich ging wieder nach drinnen und sagte zu Julie: »Ich denke, wir sollten den Sabbat halten.« Sie antwortete: »Die Gemeinschaft mit anderen Gläubigen ist aber auch wichtig.«

So gingen wir zum Gottesdienst, aber der Gedanke ließ mich nicht los. Schließlich sagte ich: »In Zukunft halten wir den Sabbat. Gott wird für uns sorgen, wenn wir uns an sein Wort halten.«

Am Freitag abend zündeten wir Kerzen an, sagten den *Kiddusch*, den Segen für den Beginn des Sabbats, und fühlten, daß wir Gottes Willen taten.

Unsere Nachbarn, die wir kaum kannten, schauten herein; sie sahen die Kerzen und sagten: »Hallo!«, und wir antworteten: »Kommt doch rein, seid unsere Gäste!«

Sie traten ein, und ein Gespräch entwickelte sich. Dann schauten sie sich die Bücherregale an und sahen ein Buch über Yeshua. Wir dachten: »Wie wird das enden?«

Plötzlich sagte meine Frau: »Wir sind Juden, die glauben, daß Yeshua der Messias ist.« Ich trat sie unter dem Tisch, um sie zum Schweigen zu bringen, aber es war schon zu spät.

Und was sagten unsere Gäste? — »Wir auch.«

Gott hatte also sofort unser Bedürfnis nach Gemeinschaft erfüllt und uns andere Gläubige geschickt, sobald wir gehorsam waren.

Wir trafen sogar noch mehr Gläubige, luden sie ein und hatten so nach eineinhalb Jahren einen Hauskreis gebildet. Ich spielte Gitarre, wenn wir zusammen sangen. Wir wußten nicht viel, aber wir waren begeistert.

Ich mußte jemanden finden, der mir meine vielen Fragen beantworten konnte. Manche wagte ich nicht, sie den anderen Gläubigen zu stellen — sie hatten zu viel Angst vor ihnen.

Da traf ich einen Mann, Joseph Schulam, der den *Talmud* und das Neue Testament kannte. Er hatte keine Angst vor Fragen. Wenn vor ihm ein Riese auftauchen würde, würde er ihn erschlagen, auf einen Tisch legen, in Stücke schneiden, ausnehmen und sagen: »Und wovor habe ich mich gefürchtet?« Heute bin ich Mitglied einer Gemeinde von messianischen Juden hier in Jerusalem.

Die messianische Bewegung ist aus den Kinderschuhen mittlerweile herausgewachsen.

Wir sind ein bißchen wie der Lachs, der den

Strom hinaufschwimmt, bis er den Oberlauf erreicht, wo er zur Welt kam. Dies beinhaltet, gegen den Strom zu schwimmen.

Wenn man es leicht haben will, sollte man in Amerika bleiben. Man kann dort ein messianischer Jude sein, die *kippa* auf dem Kopf und die King James-Bibel unter dem Arm tragen. Das ist *»gefilte fisch«*-Judaismus; er ist äußerlich, wie ein Hobby.

Als ich vor zwölf Jahren hierher kam, kamen mir alle paar Minuten die Tränen. Ich legte meine Hand in die israelische Erde und dachte: »Erde und Fleisch sind eins geworden.« Plötzlich stellte ich fest: »Ich bin am richtigen Ort, lebe in der richtigen Zeit und habe jetzt den richtigen Namen.«

Ich ging zur Westmauer und hörte in meinem Innern Gott sagen: »Willkommen zu Hause.«

Nach einer sehr langen Reise bin ich heimgekehrt.

3.

Scha'ul,
der Fischer aus Galiläa

Wir sitzen an einem idyllischen Ort, Scha'ul Zuela und ich. Büsche geben uns Schutz, das saubere Wasser des Jordans fließt zu unseren Füßen. Scha'ul hat einen Bart und einen durchdringenden Blick und gestikuliert lebhaft. Dieser Mann fürchtet nichts.

Ich denke an Petrus, Jesu Jünger. Petrus war Fischer am Galiläischen Meer, wo auch Scha'ul fischte. Petrus hatte eine starke Persönlichkeit; er war der geborene Anführer mit einem Hang zur Rauheit, sogar zur Sturheit. Das kann man auch von dem heutigen Jünger sagen, der neben mir sitzt.

Ich weiß, daß Scha'ul manchmal wenig kooperativ und schwierig sein kann. Aber heute ist dieser Löwe lammfromm, geduldig und freundlich. Als ich die Batterien meines Rekorders wechseln muß, sagt er: »Nimm dir Zeit.« Heute lacht er viel — ein dröhnendes, freies, extrovertiertes Lachen, das die weißen Reiher unten am Jordan erschreckt. Scha'ul lacht die Verfolgung durch die Orthodoxen weg, die versucht haben, die messianische Gemeinde zu zerstören, die die Galcom-Werke schließen wollten, wo Radios für die Mission hergestellt werden, die der Multimediashow »Abenteuer Galiläa« ein Ende setzen wollten —

einer Diareihe, die von Yeshua zeugt — und die versuchten, die Grundschule zu schließen. Dieses Gelächter könnte die Hölle erschüttern, aber das macht Scha'ul nichts aus, weil Gott ihm in einem seiner unglaublichen Träume gezeigt hat, wie die Dämonen gelähmt werden, wenn man ihnen in Yeshuas Namen gebietet.

Während Scha'ul mir seine Geschichte erzählte, wanderten meine Gedanken zwei Jahre zurück. Meine Frau Wiesje arbeitete als Moderatorin im Fernsehen, und Scha'ul gab in ihrer Sendung Zeugnis. Wir waren beide zutiefst berührt. Da gab es einen Juden vom Galiläischen Meer, der den Namen Yeshua am Himmel geschrieben sah, ohne zu wissen, was das bedeutete. Er fand den Herrn auf übernatürliche Weise!

Wir beschlossen, nach Israel zu gehen, mehrere solcher Geschichten zu suchen und ein Buch daraus zu machen. Und Gott stellte unser Leben auf den Kopf. All das ist biblisch: Wenn diese modernen Jünger des jüdischen Rabbis Yeshua Ihnen begegnen, werden Sie verändert.

Ich wurde 1951 in einem Zelt geboren. Die ersten Jahre meines Lebens verbrachte ich in der kleinen Stadt Hadera am Mittelmeer. Meine Eltern waren unter den vielen Einwanderern, die zu der Zeit im Land ankamen. Es gab keine Häuser für die Menschen, und so lebten sie in Zelten. Die Unterbringung war damals kein so großes Problem wie heute — Israel war noch ein sehr junger Staat.

Meine Eltern kamen aus dem Irak, dem biblischen Babylon, wo Abraham herkam. Sie waren orthodox, so wuchs ich in einer religiösen Umgebung auf. Die meisten Juden aus dem Irak hatten allerdings Probleme mit ihrem Glauben. Sie glaubten, daß die wirklich großen Rabbis in dem Land waren, das sie verlassen hatten. Die größten *Yeschivas* gab es zur Zeit des Zweiten Tempels im Irak. Hier in Israel hatten sie aber keinen großen Einfluß.

Mein Vater war vom religiösen Leben und von vielen anderen Dingen hier enttäuscht, aber er hielt sich an die Traditionen.

Ich hatte eine glückliche Kindheit. Fast täglich ging ich mit meinem Vater ans Meer, um Fische zu fangen, von denen wir hauptsächlich lebten. Die wirtschaftliche Situation war so schlecht, daß wir sonst nur wenig zu essen hatten.

Für gewöhnlich ging ich allein die zwei Minuten bis zur Synagoge. Ich hatte sechs Geschwister, und wir waren eine glückliche Familie. Zu Hause herrschte eine liebevolle Atmosphäre. Vater und Mutter stritten sich nie — und im Zelt hätten sie keinen Streit verheimlichen können! Später zogen wir in ein sehr kleines Haus mit zwei Schlafzimmern, aber auch dort hörte ich meine Eltern nie streiten oder einander anschreien.

Mein Vater war zu Hause die Respektsperson, und Mutter versorgte den Haushalt mit Liebe und Fürsorge. Vater unterstützte Mutter stets. Was sie sagte, mußte gemacht werden.

Ich war das schwierigste Kind von allen. Ich stiftete die Nachbarskinder zu Späßen an. Manchmal schlachteten wir die Hühner der Nachbarn, weil wir gesehen hatten, wie der Rabbi das tat. Rasch war ich der Anführer der Gruppe — zu meinem Leidwesen, wie ich hinzufügen muß.

In der Synagoge hörte ich, was die älteren Leute über Gott und die Schrift zu sagen hatten. Und da fingen die Probleme an. Sie beschäftigten sich nämlich mehr mit den *Halacha*, den Traditionen, als mit der eigentlichen Schrift. Natürlich lasen wir in der Synagoge die Gesetze von Mose, einige Psalmen und ein paar Propheten, aber meistens beschäftigten wir uns mit den Worten von Menschen.

Dennoch wußte ich von frühester Jugend an, daß Gott mein Vater war. Meine Großmutter hatte mir sogar beigebracht: »Gott ist der Vater der Juden«, und ich glaubte das. Ich unterhielt mich mit Gott. Ich schaute zum Himmel und sprach mit ihm in meiner kindlichen Art über das, was mich froh oder traurig machte.

Aber ich begann auch, gegen die religiösen Einrichtungen zu rebellieren. Ich ging zur Schule, lernte Lesen und Schreiben und fand heraus, daß vieles, was gelehrt wurde, nicht vom himmlischen Vater stammte, sondern nur Religion, nur Tradition, war.

Zum Beispiel wurde gesagt: »Wenn du am Sabbat ans Meer gehst, wirst du sterben.« Ich aber dachte: »Wenn Gott mein Vater ist und ich mit ihm ans Meer gehe, so wie ich mit meinem irdischen Vater fischen gehe, werde ich nicht sterben!«

Eines Tages probierte ich das aus. Am Sabbat ging ich zum Meer und steckte einen Fuß ins Wasser. Ich starb nicht. Ich versuchte es mit dem anderen Fuß. Nichts geschah. Schließlich ging ich so weit ins Wasser, daß ich schwimmen konnte. Und wieder geschah nichts.

Am nächsten Tag, am Sonntag, ging ich zur Schule. Wir hatten Religionsunterricht. Ich fragte: »Darf ich etwas sagen?«

»Bitte«, sagte der Lehrer.

Ich sagte: »Gestern war ich im Meer schwimmen.« Alle erstarrten. Ich fuhr fort: »Sie haben uns gesagt, Herr Lehrer, daß wir sterben, wenn wir am Sabbat zum Meer gehen und schwimmen. Ich konnte nicht glauben, daß Gott so etwas tun würde, und deshalb probierte ich es aus. Ich steckte einen Fuß ins Wasser und starb nicht. Um es kurz zu machen: Ich war mit dem ganzen Körper im Wasser und lebe immer noch!«

Natürlich wurde ich aus der Schule geworfen, und es gab viel Ärger.

Meine Erfahrungen mit Gott setzten sich mit zwei Träumen fort, die ich während dieser Zeit hatte. Ich träumte von der Endzeit und davon, was in der Zukunft geschehen würde. Und ich träumte, daß ich Vater Abraham traf, daß Mose mich das Gesetz lehrte, wie er es sah. Seitdem habe ich Mose verehrt. Er war der liebevollste Mann, den man sich vorstellen kann. Von da an war Mose ein besonderer Mann für mich.

Ich las in der Bibel und entdeckte Gottes Liebe, und das bereitete mir immer mehr Probleme in bezug auf die strengen Gesetze, die gelehrt wurden. Ich stellte fest, daß die rabbinischen Lehren Gottes Gesetzen so viel hinzufügen, daß Menschen von Gott weggezogen werden.

Eines Tages beschloß ich, daß ich mit dieser Lehre nichts mehr zu tun haben wollte. Ich dachte: »Wenn ich die Bibel so befolge, wie man mich lehrt, bin ich verflucht, und wenn ich die Lehren nicht befolge, verflucht man mich auch.« Ich sagte: »Gott, ich kann so nicht leben. Aber ich weiß, daß du mein Vater bist und eine besondere Aufgabe für mich hast. Ich will von hier weggehen und in einem weltlichen Kibbuz leben, wo man von Gott nichts wissen will.«

Ich zog in einen Kibbuz im Norden Galiläas, und weiterhin hielt ich an dem Glauben fest, daß Gott mein Vater war und daß ich eines Tages den Messias sehen und verändert werden würde. Wer aber war der Messias, abgesehen davon, daß er der Sohn Davids war?

Ich wußte nichts über den christlichen Glauben. Für mich war jeder, der kein Jude war, ein Heide und damit ganz anders als wir. Die Heiden hatten keinen Gott und keine Zukunft. Ich hatte noch nie vom Neuen Testament gehört.

Mit dreizehn Jahren ging ich aufs Gymnasium und teilte den Alltag im Kibbuz. Aber ich hatte weiterhin Träume. Und ich glaubte weiterhin, daß Gott mein Vater war, daß der Messias kommen mußte, daß unser Leben verändert werden würde und daß es für die Juden eine Zukunft und eine Berufung gab.

Dann mußte ich zur Armee. Ich war Fallschirmjäger und auf der Halbinsel Sinai stationiert. Ich war unterwegs zu meiner Basis; der Treffpunkt für unsere Einheit war die zentrale Bushaltestelle in Tel Aviv. Wir trafen uns gewöhnlich dort und gingen dann an die Grenze. Es war eine politisch kritische Zeit. In unserer Basis am Suez-Kanal war einiges passiert, worüber ich nicht reden kann.

Ich ging die Hauptstraße entlang, die zur Bushaltestelle führt, und plötzlich blickte ich zum Himmel und sah einen Namen in großen feurigen Buchstaben, großartig und mächtig. Sie waren wie Feuer, rot und orange. Ich weiß, daß ich nicht phantasiere, weil ich in diesem Moment an nichts gedacht hatte. Ich sah den Namen Yeshua auf Hebräisch, und ich wußte sofort, daß dies der Name des Messias war.

Ich fühlte mich so klein, daß ich mich in einem Riß im Asphalt verbergen wollte. Wo konnte ich mich vor diesem allmächtigen Namen verbergen? Ich war voller Ehrfurcht. Dann verschwand der Name, aber ich konnte niemandem davon erzählen. Ich hatte viele Fragen: »Wer ist Yeshua?« Ich wußte nichts von Yeshua. Ich wußte nur in meinem Herzen, daß er der Messias ist, der Sohn Gottes. Er selbst war Gott.

Ich wußte nichts über den christlichen Glauben – überhaupt nichts. Niemand hatte mir je von Yeshua erzählt. Als Jude gibt man sich nicht mit Heiden ab.

Ich ging zu meiner Basis im Sinai. Die Tage vergingen, aber ich konnte nicht vergessen, was ich gesehen hatte.

Als ich meine Frau Zahava kennenlernte, eine *sabra* aus einem Kibbuz bei Tel Aviv, sagte ich zu ihr: »Wenn du mich heiraten willst, mußt du dir bewußt sein, daß Gott eines Tages mein Leben benutzen wird, damit ich ihm diene. Ich glaube an Gott, auch wenn ich ein Sünder bin. Ich glaube an Gott und an das Kommen des Messias, und ich bin sein Diener. Wenn er mich ruft, werde ich folgen. Wenn du mich also heiraten willst, mußt du das bedenken.«

Sie antwortete: »Ich will dich heiraten, weil ich auch an Gott glaube.« Auch sie hatte viele Fragen zum religiösen Leben, aber dennoch wollte auch sie ihm dienen. So sagte ich: »Gut, dann können wir ja heiraten.«

Wir lebten nahe am Berg Hermon im Norden. Der Ort hieß Rosch Pinna. Eines Tages kam ich von der Arbeit heim. Es war kalt und regnerisch, und ich setzte mich ans Feuer und las die Bibel. Unsere Bibel ist anders geordnet: Erst kommen die fünf Bücher Mose, dann Josua, Richter, Samuel, Könige. Dann Jesaja, Hesekiel und die kleinen Propheten. Die Genesis bis zum Buch Könige konnte ich problemlos lesen, aber wenn ich mit dem Buch Jesaja anfing, schlief ich stets ein. Jedesmal, wenn ich Jesaja aufschlug, schlief ich unweigerlich ein!

So geschah das erste Wunder: Ich schlug das Buch Daniel auf und begann zu verstehen. Sogar den aramäischen Teil, denn ein Teil des Buches Daniel ist auf Aramäisch geschrieben. Ich rief meine Frau: »Zahava, schau mal, was Daniel sagt: Ein Menschensohn wird vom Himmel aus den Wolken kommen, er wird alle Macht haben, und ihm wird alles gegeben sein. Das muß der Messias sein.« Und ich erinnerte mich an die Vision, als ich den Namen Yeshua in feurigen Buchstaben am Himmel gesehen hatte.

Ich las weiter und begann, Jesaja zu studieren — und ich schlief nicht ein! Einige Worte trafen mich tief: daß Gott unsere Opfer und Feste nicht will, weil wir sündig sind — »Wascht euch, reinigt euch, tut eure bösen Taten aus meinen Augen, laßt ab vom Bösen!« Ich dachte: »Er ruft uns zur Umkehr!« Aber Umkehr konnte ich im religiösen Leben um mich herum nicht entdecken.

Dann hatte ich drei Träume! Einer handelte von der Endzeit, von den Verfolgungen, die kommen wer-

den. Man wird uns töten wollen, weil wir an Gott glauben und dem Messias folgen, und wir werden in die
Wildnis fliehen, wo Gott uns Nahrung und alles Nö-
tige gibt. Später las ich all das in der Offenbarung 12,
in der Geschichte von der Frau, die in die Wüste
flieht.

Im zweiten Traum sah ich, daß die Sonne ver-
losch und der Mond sich rot färbte. Im Traum sah ich,
daß der Mond am großen Tag des Kommens des
Herrn in Stücke zerbrach. Viele Gläubige warteten
auf den Messias und bauten die Hütte Davids. Ich sagte:
»Laßt uns Davids Hütte aufbauen, denn er kommt.
Der Messias kommt.« Jeder nahm ein Stück Holz und
rief: »Wir bauen die zerschlagene *succa* Davids auf. Ja!
Wenn der Messias kommt, wird die Hütte stehen!«
Wir waren sehr aufgeregt. Ich wachte voller Erwartung aus diesem Traum auf.

Der dritte Traum kam in der nächsten Nacht. Ich
war in der Wüste, und die Sandkörner waren golden.
Ich trug Jeans und ein nasses Hemd. Ich war verschwitzt und schmutzig. Zu der Zeit waren Jeans und
lange Haare ein Zeichen der Auflehnung – in Jeans
und mit langen Haaren durfte man nicht in die Schule
kommen!

Ich war schmutzig, weil ich sündig war, und ich
sagte: »O Gott, ich kann mich selbst nicht ertragen.
Ich stehe hier in der Wüste und weiß nicht, was ich
tun soll.« Plötzlich hörte ich eine Stimme vom Himmel. Gott der Allmächtige selbst sagte: »Bald wird
dein Herr erscheinen, und wenn er kommt, wirst du
zu ihm gehen und sagen: Rede, Herr, denn dein
Knecht hört.«

Als ich die Stimme Gottes das sagen hörte, dachte ich: »Das muß der Messias sein, den ich sehen werde, denn diese Worte sprach Samuel, als er die Stimme des Herrn hörte.«

Dann erinnerte ich mich an Gottes Besuch bei Abraham in Genesis 18. Abraham sah drei Männer kommen: Einer von ihnen war der Herr, die anderen waren Engel, die Sodom und Gomorra zerstören wollten.

Plötzlich erschienen drei Personen am Himmel, sie standen nebeneinander. Sie kamen aus dem blauen Himmel auf den wunderbaren goldenen Sand und schwebten ungefähr drei Meter über dem Boden. Ich rannte zu ihnen, beugte die Knie vor ihnen und sagte, wie Gott mir befohlen hatte: »Rede, Herr, denn dein Knecht hört.«

Ich war regungslos und konnte kein anderes Wort sagen. Der Engel auf der einen Seite hatte ein blaues Gewand, aber es war durchsichtig, man konnte seine Schultern, Arme und Hände sehen. Ich sah seine Knöchel und Füße, die so etwas wie Sandalen trugen. Der andere Engel sah genauso aus. Er hatte wunderschöne Locken. Aber sein Gewand war rot. Seine Arme, sein Gesicht und seine Füße sahen aus wie bei dem anderen Engel. Sie beachteten mich nicht. Sie konzentrierten sich ganz auf die mittlere Person und taten nur, was er ihnen sagte. Sie standen Schulter an Schulter mit ihm, nichts trennte sie.

Ich schaute sie an, und zwei Dinge beeindruckten mich: ihr Gehorsam und ihre Macht. Sie waren stark und mächtig. Ich wußte, wenn ich etwas falsch machte, würden sie mich zerstören, ehe ich mich rühren konnte. Sie verehrten keinen außer dem, der in der Mitte stand. Sie blickten nur auf ihn.

Dann sah ich den mittleren an. Ich kann es kaum in Worte fassen. Sein Körper war von einem prächtigen weißen Gewand bedeckt. Ich konnte keinen Teil seines Körpers sehen. Das Gewand berührte den Boden und bedeckte den Boden um ihn. Man konnte seine Füße nicht sehen. Seine Hände steckten in den Ärmeln seines Gewandes. Ich konnte nicht einmal seine Handflächen sehen. Von seinem Gesicht sah ich nur die Augen, Nase und Bart, sonst nichts. Auf dem Kopf trug er einen wundervollen weißen Turban wie ein Hohepriester. Ein goldenes Band schmückte seine Stirn, aber es stand nichts darauf.

Ich dachte: »Das ist interessant. Der Hohepriester war genauso gekleidet, aber auf dem Stirnband standen die Worte: ›Heilig dem Herrn‹. Diese Person hat keinen Text, weil er der Herr ist.«

Dann hatte ich einen anderen Gedanken: »Was ist, wenn ich in sein Gesicht schaue? Werde ich sterben?« Ich beschloß, daß das etwas war, wofür es sich zu sterben lohnte, und sah in sein Gesicht. Er hatte freundliche Augen. Und aus seinem Mund kamen unglaubliche Worte. Seine Stimme! Ich kann sie nicht beschreiben – sie war so schön und mächtig, wie der Donner. Keine andere Stimme ist wie diese. Sie klang, und die ganze Welt hallte wider. Alle Saiten auf der Welt schwangen mit. Dennoch konnte man ihn deutlich verstehen.

Er sprach eine Sprache, die ich nicht verstand. Die Worte kamen wie riesige Buchstaben aus seinem Mund. Jeder Buchstabe kam und wurde beiseite gestellt, und dann kam der nächste, und die Engel stellten ihn neben den vorigen, um ein Wort zu bilden. Wenn das Wort komplett war, wurde es zur Seite gestellt, und das nächste entstand. Was gesagt wurde, war ein Zeugnis im Himmel. Die Buchstaben waren riesig und feurig wie die, die ich im Himmel über der Bushaltestelle gesehen hatte – alte hebräische Buchstaben wie die auf meinem Ring. Mein Ring trägt die Worte: »Yeshua, der Knecht, Alpha und Omega«. Ich war fasziniert. Da war ein köstlicher Duft, und wenn er sprach, wurde die ganze Umgebung gereinigt. Auch ich wurde vom gesamten Gewicht meiner Sünde befreit und von den Problemen, die ich damals hatte. Alles löste sich und verschwand. Er reinigte mich, und ich wußte, daß dies die Aufgabe des Messias war.

Ich sah alles – Dinge, die Menschen nicht sehen können, und alles in einer anderen Dimension. Ich sah ihn sprechen, das war am wichtigsten. Und die ganze Zeit standen die Engel unbeweglich da. Sie bewegten nicht einmal den Kopf, als ob sie sich um nichts kümmern würden. Ich dachte: »Auch sie sind fasziniert.«

Ich erwachte aus dem Traum, aber ohne die Last meiner Sünden. Ich erzählte meiner Frau, was ich gesehen hatte, und sagte: »Es kommt die Zeit, da werden wir den Messias sehen. Und er ist viel größer, als alle sagen. Was die Leute von ihm sagen, ist Unsinn. Er ist mehr als alles auf der Welt. Ich werde den Messias kommen sehen.«

Drei Tage später traf ich einen Freund, der gerade seine Stelle als Gärtner verloren hatte. Ich sagte:

»Komm zu mir, und ich besorge dir eine Stelle.« Ich arbeitete damals für eine Versicherung.

Er antwortete: »Das brauchst du nicht, Gott wird für mich sorgen.«

»Was meinst du damit?« fragte ich.

»Gott ist mein Vater«, antwortete er.

Ich sagte: »Deiner auch?«

Er schaute mich an und wiederholte: »Er ist mein Vater und wird für mich sorgen.«

Da sagte ich: »Komm mit, ich muß dir etwas erzählen.«

So begann ich, mit ihm zu sprechen und meine messianische Hoffnung und meine Visionen mit ihm zu teilen.

Er erklärte: »Natürlich, du hast Yeshua gesehen. Ich glaube an Yeshua.«

»Du bist verrückt, wir sind doch Juden«, erwiderte ich. »Was du mir da erzählst, gehört zu den Heiden.«

Er widersprach mir: »Nein, du verstehst nur nicht, was du gesehen hast. Es war Yeshua, und darüber steht etwas in der Bibel. Ich kann mit dir zusammen die Bibel lesen.«

Er war ein guter Freund, aber ich hatte nichts von seinem Glauben gewußt. Hätte ich das gewußt, hätte ich ihn nicht angesprochen.

Ich nahm seine Einladung an. Er erklärte, daß ich Yeshua HaMaschiach gesehen hatte. Er las einen Psalm mit mir, dann lud er mich und meine Frau für den nächsten Sabbat ein, um weiterzureden.

Wir waren aus dem Kibbuz in eine Wohnung in Rosch Pinna gezogen und hatten einige Kisten mit

Büchern mitgebracht. Verschiedene Bücher — billige Geschichten, aber auch sehr ernsthafte Bücher und Bibeln. Diese Kisten hatten wir auf dem Balkon gestapelt.

Eines Tages saß ich auf dem Sofa und erzählte meinen Kindern eine Geschichte. Das älteste Kind war knapp vier Jahre alt, das zweite zwei Jahre.

Da rief das vierjährige: »Vati! Da ist etwas hinter deiner Schulter! Beweg dich nicht! Es kommt näher an deine Schulter!«

Ich fragte: »Was ist es denn?«

»Ein Skorpion!«

Ich bewegte mich zur Seite. Hinten auf dem Sofa, nur wenige Zentimeter entfernt, war ein schwarzer Skorpion mit großen Scheren, sein giftiger Schwanz war bereit zum Stechen. Gerade als er mich stechen wollte, tötete ich ihn. Sein Körper fiel zwischen Sofa und Wand, so rückte ich das Sofa ab und entdeckte einen zweiten Skorpion. Er floh, und ich jagte ihn durchs Haus bis zum Balkon, wo all die Kisten aus dem Kibbuz standen. Ich sah, wie er in eine Kiste kletterte. Ich leerte sie aus, aber er war verschwunden. Ich leerte eine Kiste nach der anderen — nichts! Schließlich sah ich, wie das Tier im Abfluß verschwand.

Ich ging wieder ins Haus — aber was sollte ich mit diesem Chaos machen? Ich beschloß, eine Bibliothek zu bauen. Am nächsten Tag machte ich ein Regal aus zusammengeschweißten Metallstücken und stellte alle Bücher darauf.

Nun habe ich eine schlechte Angewohnheit. Ich schäme mich fast, darüber zu reden. Wissen Sie, ich reparierte viele elektrische Einrichtungen für arme

Leute. Ich half großen Familien mit vielen Kindern, die kein Geld hatten, und machte die Reparatur umsonst. Manchmal kamen aber zu viele, besonders, wenn ich gerade von der Arbeit heimgekommen war. Deshalb küßte ich meine Frau, machte mir einen Kaffee, nahm ein Buch und floh auf die Toilette. Das ist meine schlechte Angewohnheit.

Meine Frau sagte immer: »Das ist scheußlich.« Aber ich erwiderte: »Du putzt die Toilette doch jeden Tag, und so kann ich an einem sauberen Ort sitzen, und niemand kann mir sagen, daß ich herauskommen soll.«

Eines Tages kam ich von der Arbeit und eilte zur Toilette. Ich nahm meinen Kaffee, griff nach dem erstbesten Buch, schloß die Tür und begann zu lesen. Es war das Neue Testament! Ich öffnete das Buch und las Matthäus 1,1: »Dies ist das Buch von der Geschichte Jesu Christi, des Sohnes Davids, des Sohnes Abrahams.«

Yeshua! Das war doch der Name, den ich in feurigen Buchstaben am Himmel gesehen hatte! Er war der Messias, der Sohn Gottes! Es war unglaublich! Und ich las und las. Dann schlug ich das Johannesevangelium auf und las zu meinem Erstaunen: »Im Anfang war das Wort, (...) und Gott war das Wort«, »Er ist das Licht der Welt.« Wenn dieses Buch in meinen Händen keine Bibel war, was war es dann?

Ich las also weiter und las Paulus' Beschreibung von Yeshua als dem Hohepriester. Und ich dachte: »Das ist der Mann, den ich in meiner Vision gesehen habe und der mich von meinen Sünden gereinigt hat. Das ist die Aufgabe des Messias.«

Ich las auf der Toilette immer weiter und bemerkte nicht, wie die Zeit verging. Meine Frau klopfte an die Tür und fragte: »Lebst du noch?«

Ich sagte: »Natürlich lebe ich noch! Aber stör mich nicht beim Lesen!«

Sie erwiderte: »Du sitzt schon ziemlich lange da drin. Glaubst du nicht, daß auch andere einmal auf die Toilette müssen?«

»Du glaubst wohl nicht, daß ich lese?« fragte ich.

»Du bist verrückt«, antwortete sie und ging.

Danach sprach ich mit meinem Freund und sagte: »Ich weiß nicht, was für ein Buch das ist, aber der Schreiber beschreibt alles, was ich am Himmel geschrieben stehen sah, und er beschreibt den Mann in meinem Traum, von dem ich weiß, daß er der Messias ist.«

Er sagte: »Scha'ul, du hast im Neuen Testament gelesen!«

Eine Christin muß es im Kibbuz zwischen meine Bücher gelegt haben, denn aus allen Bibeln, die wir bekamen, war das Neue Testament herausgeschnitten.

Ich sagte: »Komm mit deiner Frau zu uns, und rede mit meiner Frau und mir, denn du bist der einzige Jude, den ich kenne, der an Yeshua glaubt. Wenn er wirklich die Person ist, die ich gesehen habe, dann werde ich der zweite Jude sein, der an ihn glaubt. Gemeinsam werden wir die einzigen Juden auf der ganzen Welt sein, die an ihn glauben.«

Da antwortete er: »Nein, es glauben mehr Juden an Yeshua, als du denkst.«

»Bist du sicher?« fragte ich

»Ich bin sicher, und am Samstag treffen sie sich. Ich nehme dich mit.«

»Abgemacht«, sagte ich.

Damals lebten Ruben, Benjamin Berger und Shmuel Suran gemeinsam in Rosch Pinna, wo wir auch wohnten, obwohl wir sie nicht kannten. Mein Freund brachte mich zu ihrem Haus. Ich erzählte, was mir an der Bushaltestelle und in den Träumen passiert war, und Ruben sagte: »Du hast den Messias gesehen.«

Ich sagte: »Ich möchte, daß ihr mir das beweist. Und warum glauben unsere Rabbis nicht an ihn?«

Ich hatte viele Fragen über die Heiden, über dies und jenes. Ich machte es ihm schwer. Aber er öffnete die Bibel und begann, aus den Propheten zu lesen.

Dann sagte ich zu ihm: »Du brauchst nicht weiterzulesen. Du brauchst mich nicht mehr zu überzeugen, denn was du sagst, ist wahr.« Ich umarmte ihn und sagte: »Ich bin froh, daß ich meine Brüder gefunden habe.«

Ich hatte mir immer gewünscht, richtige Brüder zu treffen. Auch als wir den Herrn noch nicht kannten, sagte ich oft zu meiner Frau Zahava: »Eines Tages werden wir wirkliche Brüder finden, die Gott lieben und einander lieben und ihr Leben miteinander teilen.« Jetzt hatte ich sie gefunden.

Zwei Wochen später hatte auch meine Frau ein Erlebnis mit dem Herrn. Sie bekam eine Prophezeiung und einen Traum. Zuerst erlebte sie Gottes Anwesenheit im Haus, dann spürte sie ihn im Geist. Es war wie eine Hochzeit.

Ich konnte es gar nicht erwarten, getauft zu werden. Aber die Brüder sagten, daß sich in meinem Leben vieles ändern müsse, und so wurden wir einen Monat später im Oberlauf des Jordans, nahe bei meinem alten Kibbuz, getauft. Nun verstand ich die reinigende Kraft des Messias, die ich am Tage meiner Vision erfahren hatte. Sie wurde für uns beide Wirklichkeit.

Ich sagte zu Gott: »Du hast mir versprochen, daß du in meinem Leben wirken wirst, deshalb gebe ich dir jetzt all meine Zeit.« Ich gab meine Stelle auf und fuhr fort, Menschen zu helfen; ich reparierte Waschmaschinen und erzählte von Christus. Ich hatte einen Elektrikerkurs belegt und konnte ein Radio bauen, das war fast alles. Aber ich bat den Herrn um Weisheit und Wissen, wenn ich etwas reparieren mußte. Ich verlangte niemals Geld.

Dann zeigte Gott mir, daß ich unseren Wohnort, Rosch Pinna, verlassen sollte, um an einen anderen Ort zu gehen. Dort traf ich Ken Crowell, einen Bruder, der eine Fabrik für Elektrogeräte gründen wollte. Ich war der erste Arbeiter. Ich sagte: »Ich werde ein halbes Jahr für dich arbeiten, aber dann verlasse ich dich, weil Gott eine Aufgabe für mich hat.« Gott hatte mir das durch die Geschichte der Kinder Israel gezeigt, die ihr Lager abbrachen und weiterzogen.

Nun sprach Gott wieder zu mir: »Ziehe weiter!«

Meine Frau und ich beteten: »Herr, schenke uns ein anderes gläubiges Ehepaar«, und das Ehepaar kam, Einwanderer aus Amerika.

Wir beteten: »Herr, wir möchten für Gemeinschaft offen sein. Ich will kein Leiter sein, aber ich möchte, daß es in dieser Stadt eine Versammlung von Gläubigen gibt.«

Eine Woche später lernte ich einen Bruder aus Amerika kennen, und wir trafen uns jeden Dienstagabend zum Bibellesen. Zu der Zeit gab es keine organisierte Gemeinde in der Stadt. Nur in der schottischen Kirche gab es sonntags einen Gottesdienst. Als Jude gehe ich aber nicht sonntags zur Kirche. Deshalb beteten wir, und ganz allmählich brachte der Herr Leute herbei.

Ich sagte zu meinem Bruder: »Ich möchte fischen gehen. Möchtest du mitkommen?«

»Ja«, sagte er, »ich kaufe ein Boot.«

Er kaufte ein altes kleines Boot, und wir begannen, im Galiläischen Meer zu fischen. Da sagte ich: »David, jetzt weiß ich, wie wir eine Gemeinde bauen können.«

»Und wie?«

»Laß uns jedem Gläubigen genug Fisch geben, damit seine Familie satt wird.«

»Gut, laß uns beten.«

Wir beteten: »Herr, wir verstehen nichts vom Fischen, bitte gib uns Fische.«

Wir fingen einige große Karpfen und teilten sie in Portionen zu 200 Gramm. Wir stellten fest, daß wir genug Fisch für jede Familie hatten. Natürlich schien das unvernünftig, denn für das Benzin, das das Boot brauchte, hätten wir den Fisch auch kaufen können. Aber wir taten es für den Herrn, und die Rechnung ging auf: Am nächsten Dienstag abend war mein Haus voller Menschen.

Mein Haus lag im alten Teil von Tiberias, wo alle

strenggläubigen Juden wohnten. Sie wußten, daß wir Gläubige waren, weil ich auf die Straße ging, um das Evangelium zu predigen, und eine große Tasche trug, auf der in großen roten hebräischen Buchstaben stand: »Yeshua ist der Sohn des lebendigen Gottes, und ich bin sein Diener.« Für gewöhnlich ging ich in ein Geschäft, kaufte einen Bleistift oder eine andere Kleinigkeit, weil ich nicht viel Geld hatte, und dann sprachen mich Leute an, und ich konnte Zeugnis geben.

Mittlerweile kam »Nummer vier« zur Welt, eine Tochter, und das Haus wurde zu klein für die Familie und die Gemeinde. Deshalb trafen sich die Gläubigen im Haus von zwei holländischen Hebammen, Annie van der Weg und Lidy Verkruisen. Sie hatten ein riesiges Haus gemietet. Später bestimmte die Gruppe Älteste, und ich war einer von ihnen. In diesem Amt diente ich etwa neun Jahre.

Während dieser Jahre lehrte mich der Herr, wie man Dämonen austreibt. Er zeigte mir, daß sie gebunden werden, wenn man ihnen in Yeshuas Namen entgegentritt, und sagte zu mir: »Das ist alles, was du brauchst. In meinem Namen hast du Autorität. Du brauchst keine Hilfsmittel oder besondere Methoden, widerstehe ihnen nur in meinem Namen, und sie werden gelähmt sein.«

Bei einer anderen Gelegenheit lehrte der Herr mich über die himmlische Sprache. Als ich nachts im Bett lag, hatte ich einen Traum, in dem zwei Engel der Finsternis mich töten wollten. Mein Herz setzte aus, und ich sah mich von fern neben meiner Frau im Bett liegen.

Ich betete: »Heiliger Geist, Gottes Wort sagt, daß du für die Gläubigen eintrittst mit Seufzen, das nicht in Worten ausgedrückt werden kann. Ich verstehe nicht, was hier vor sich geht, und ich bin bereit, in meine himmlische Heimat zu gehen — aber nicht mit diesen scheußlichen Kreaturen.«

Und da erinnerte mich der Heilige Geist an die Worte aus Psalm 124, 7+8: »Unsere Seele ist entronnen wie ein Vogel dem Netze des Vogelfängers; das Netz ist zerrissen, und wir sind frei. Unsre Hilfe steht im Namen des Herrn, der Himmel und Erde gemacht hat.«

Plötzlich gab der Heilige Geist mir Worte, so daß die beiden bösen Kreaturen wie Funken verloschen. Sie waren weg! Dann erfaßte mich eine Hitzewelle. Mein Herz schlug normal, und ich konnte mich wieder bewegen.

Ich weckte meine Frau und fragte sie: »Weißt du, was gerade passiert ist?«

»Nein«, antwortete sie.

Ich erwiderte: »Das ist seltsam. Ich hätte gedacht, das ganze Weltall hätte diese Stimme gehört. Sie war so laut!«

Sie versicherte: »Ich habe nichts gehört!«

Heute haben wir neun Kinder und dienen weiterhin dem Herrn. Die Gemeinde ist stark und kann ohne mich weitermachen. Auch die Fabrik ist erfolgreich und versorgt unter anderem viele Einwanderer mit Arbeit.

Ich aber möchte etwas Neues anfangen und träume von einer Schule irgendwo hier in Galiläa, wo wir Menschen beibringen können, für eine geistliche Erweckung hier in Israel einzutreten.

4.

Joseph,
der Theologe

Die neugegründeten messianischen Gemeinden in Israel brauchen ein theologisches Rückgrat, – deshalb hat Gott ihnen Männer wie Joseph Schulam gegeben.

- Jemand muß sich die Zeit nehmen, das in Worte zu fassen, was diese Bewegung charakterisiert.
- Nachforschungen müssen darüber angestellt werden, wie die Situation der Juden, die an Yeshua glaubten, im ersten Jahrhundert war.
- Es müssen Publikationen herausgegeben werden, die Yeshua als den Messias der Juden anerkennen und dennoch für den durchschnittlichen israelischen Leser akzeptabel sind.
- Die messianischen Gemeinden müssen autonom sein. Diese Bewegung wird nicht von außerhalb unterstützt wie eine Kirche, die von Missionaren gegründet wurde, sondern sie ist der direkte Ausdruck jüdischen Glaubens an Yeshua.

Joseph Schulam und seine Freunde haben hierfür Netivya gegründet. Sie hoffen, eines Tages einen vollständigen hebräischen Kommentar zum Neuen Testament herausgeben zu können.

Ich traf Joseph im Netivya-Gebäude in der Narkisstraße in Jerusalem, nicht weit von der Baptistengemeinde entfernt. Für dieses Gebäude, ein quadratischer Bau aus weißem Stein mit seinen zwei Stockwerken, wurde eine große Schlacht geschlagen. Ehe Netivya das ganze Gebäude übernehmen konnte, mußten zuerst die orthodoxen Mitbewohner ausbezahlt werden. Anscheinend wird jeder Schritt der messianischen Gläubigen von einer Schlacht begleitet — genau wie damals, als Josua das Gelobte Land einnahm.

Es war nicht leicht, einen Termin mit Joseph auszumachen. Er ist sehr beschäftigt und hat schon Vorträge in Finnland, Spanien, England (sogar in Oxford!), Griechenland, Japan, Hongkong und den Vereinigten Staaten gehalten. Seine Frau heißt Marcia. Sein Sohn Barry ist 21 Jahre alt und studiert Ingenieurswesen in den USA, seine Tochter Danah ist 19 und Offizierin der israelischen Armee. Joseph spricht nicht weniger als sieben Sprachen: Hebräisch, Englisch, Bulgarisch, Spanisch, Arabisch, Deutsch und Russisch.

Während er seine Geschichte erzählt, bewegen sich seine Hände über die Tastatur seines modernen Computers. Ein Lebenslauf kommt aus dem Drucker. Kurz darauf erscheint die »Kurze Geschichte von Netivya«, und als wir über Theologie reden, zeigt sich ein »Bekenntnis des Glaubens«.

Dieser Ort ist eines der Zentren der jüdischen messianischen Bewegung. Hier wird die besondere Situation der messianischen Juden und ihre Botschaft akademisch durchdacht. In anderen Gemeinden spielen vielleicht gefühlsmäßige Erlebnisse eine größere Rolle, aber hier möchten die Leute etwas wissen, verstehen, studieren und teilen.

Ich wurde 1946 in Bulgarien geboren. 1948 kamen meine Eltern nach Israel. Sie wanderten als bulgarische Juden legal ein, was damals eine Ausnahme war. Die Situation in Bulgarien war einzigartig.

Während in ganz Europa Juden in den Vernichtungslagern starben, starb doch kaum ein bulgarischer Jude. Der Grund dafür war Rabbi Daniel Tsion, der an Yeshua glaubte. Er hatte die Vision gehabt, daß die gesamte bulgarische Zarenfamilie ermordet würde, wenn die Deutschen auch nur einen Juden aus Bulgarien holten. Mit dieser Vision ging er zum Zaren Boris Kobourgotsky, der ihn anhörte.

Der Zar schloß ein Abkommen mit den Deutschen, daß sie Bulgarien ohne Widerstand besetzen könnten, wenn sie keine Juden aus dem Lande weisen würden. Die Deutschen stimmten zu, hatten aber vor, das Abkommen später zu brechen. Dies wurde aber vom bulgarischen Volk vereitelt. In Bulgarien gab es keinen Antisemitismus.

1947 besuchten Ben Gurion und Teddy Kollek Bulgarien und teilten den Juden ihre Pläne mit, einen jüdischen Staat zu errichten. Damals wollten alle 75 000 Juden ausreisen. 1948 wurde der Staat Israel ausgerufen, und im selben Jahr kamen 50 000 bulgarische Juden ins Land.

Meine Eltern waren unter den ersten. Sie waren noch sehr jung, und ich war erst 20 Monate alt. Mein Vater hatte nach dem Krieg mit den Alliierten zusammengearbeitet. Als er in Israel ankam, bekam er gleich Arbeit, weil er verschiedene Sprachen beherrschte. Zuerst arbeitete er im spanischen Konsulat, später für die israelische Regierung.

Ich kann mich an Bulgarien nicht erinnern, denn seit ich zwei Jahre alt war, wuchs ich in Jerusalem auf. Ich interessierte mich nicht für Religion oder irgendetwas, was damit zusammenhing. Meine Mutter war Kommunistin, mein Vater Atheist. Er haßte religiöse Menschen, Juden genauso wie Christen. Er bezeichnete sie als »primitive, abergläubische, unterentwickelte Menschen«. An Gott und die Bibel zu glauben, war nicht modern.

Aber er war ein netter Mann, und alle mochten ihn. Wenn ein Fest in der Synagoge war, eine *Bar Mizwa* oder sonst ein Anlaß, wurde er immer eingeladen. Er kümmerte sich nicht um Konventionen und betrat am Sabbat unbekümmert die Synagoge mit einer brennenden Zigarette.

Ich habe also einen völlig unreligiösen israelischen Hintergrund. Als ich ins Gymnasium kam, las ich zum ersten Mal in der Bibel. Die Schule war halborthodox, und eine unserer Hausaufgaben war ein Aufsatz über die Anfänge des Christentums. Wir sollten die Religion bezüglich ihrer Hierarchie, Struktur, Feiertage und wichtigsten Dogmen analysieren. Dazu mußte ich zumindest fünf oder sechs Kapitel aus dem Neuen Testament lesen, die Bergpredigt und das erste Kapitel der Apostelgeschichte.

Ich ergatterte ein Neues Testament, und was ich da las, berührte mich als säkularen Israeli sehr. Hier ging es um Probleme wie Heuchelei, Gewalt, Mißverständnisse, religiöse Streitigkeiten — die Probleme also, die es in Jerusalem ständig gibt. In der hebräischen Enzyklopädie schaute ich unter dem Stichwort »Christentum« nach und wunderte mich, denn da redete man anscheinend über etwas völlig anderes.

Als ich im Neuen Testament las, konnte ich nichts »Christliches« darin entdecken — zumindest nicht nach den Gesichtspunkten, die die Lehrer uns genannt hatten. Da fand ich nichts über Priester, Nonnen, Klöster, Rom, Protestanten, Erzbischöfe oder Weihnachten. Ich fand keinen christlichen Feiertag, alles war sehr jüdisch. Das erstaunte mich sehr und weckte mein Interesse.

Ich wollte genau wissen, was in der Geschichte geschehen war, damit die Trennung zwischen Judentum und Christentum entstehen konnte. Ich las alle Bücher über Yeshua, die ich finden konnte. Ich fragte meine Lehrer und las viele hebräische Bücher. Ein Jahr verbrachte ich mit Lesen und Studieren.

Im Sommer dieses Jahres lernte ich eine amerikanische Familie in meiner Nachbarschaft kennen. Ihre Kinder waren in meinem Alter, und die Familie hatte ein großes amerikanisches Auto. Besonders interessiert war ich an den Kindern, weil sie amerikanische Spielsachen hatten, die niemand sonst in Jerusalem besaß — und die Tochter war hübsch.

Ich spielte mit den Kindern, und wir wurden gute Freunde. Ich griff sie mit Worten an und sagte: »Die Christen befolgen ihre eigene Bibel nicht. Die Christen halten nicht die Feiertage, wie Yeshua es tat. Die Christen feiern Weihnachten, obwohl das nicht in der Bibel steht.«

Eines Tages sprach mich der Vater an: »Warum greifst du den Glauben meiner Kinder an und sagst ihnen, daß sie keine Christen sind?« Ich erklärte ihm, daß ich das Neue Testament gelesen hatte und daß das Christentum, das ich sah, dem nicht entsprach. Da sagte er: »Du hast recht!«

Wir wurden gute Freunde. Ich war mit diesem Mann viel unterwegs, übersetzte und tat andere Dinge für ihn.

Nach einigen Monaten dachte ich mir: »Ich muß verrückt sein. Ich verbringe meine ganze Freizeit mit diesen Christen und bin doch nicht einmal selbst einer.«

Am nächsten Tag aber dachte ich: »Und wenn Yeshua wirklich der Messias ist? Vielleicht gibt Yeshua wirklich ewiges Leben und vergibt Sünden!«

All diese Fragen kreisten in meinem Kopf, bis ich eines Tages genug davon hatte. Ich hielt die Widersprüche in meinen Gedanken nicht mehr aus und begann zu weinen. Da beschloß ich: »Ich kümmere mich nicht mehr um das Ganze und vergesse Yeshua und das Christentum. Was bringt es mir denn ein? Das ist eine Marotte, die mir nichts nützt. Ich brauche meine Zeit zum Studieren und möchte meine Freizeit mit meinen Freunden verbringen.« Als ich diesen Beschluß faßte, war es zehn Uhr vormittags.

Um ein Uhr aber hatte ich meine Meinung völlig geändert und sagte: »Wenn Yeshua der Messias ist, wie es im Neuen Testament steht, sollte ich mich lieber ernsthaft mit der Sache beschäftigen.«

Mein amerikanischer Freund war im Krankenhaus, und so ging ich zu einem seiner Freunde und sagte: »Ich will ein Jünger Yeshuas werden.« Ich wußte schon, daß man getauft werden mußte, um sein Nachfolger zu werden. Was hatte ich schon zu verlieren? Und was hatte ich zu gewinnen?

Der Missionar fuhr mit mir in seinem Auto zum Mittelmeer, etwas nördlich von Tel Aviv, wo ich getauft wurde.

Meine Entscheidung war eine verstandesmäßige, keine gefühlsmäßige. Fast alle Gefühle sprachen dagegen: meine Erziehung in Jerusalem, die Atmosphäre zu Hause, meine Freunde und die Wurzeln meiner Kultur. Ich gab alles auf, was ich als jüdisches, zionistisches Kind gelernt hatte. Ein Christ zu werden, bedeutete ungefähr, wie ein Marsmännchen zu sein. Es wäre einfacher gewesen, auf die Venus zu fliegen, als Christ zu werden.

Es war keine leichte Entscheidung, aber es war die logische Folge, nachdem ich Gottes Wort gelesen hatte. Paulus sagt: »So kommt der Glaube aus der Predigt, das Predigen aber durch das Wort Christi.« (Röm 10,17).

In den Monaten davor hatte ich zehn hebräische Bücher über Yeshua gelesen, die Argumente für und gegen ihn brachten. In den beiden Jahren vorher hatte ich das Neue Testament drei- oder viermal ganz durchgelesen. Das Alte Testament hatte ich nie gelesen, nur das Neue. Und immer wieder fragte ich mich: Wie konnte solch ein Christentum aus den jüdischen Grundsätzen im Neuen Testament entstehen? Ich verstand es einfach nicht.

Nach der Taufe kamen wir nach Jerusalem zurück, und ich kam nach Hause. Als meine Eltern hörten, was geschehen war, warfen sie mich aus dem Haus.

Nun steht in Jerusalem zwischen dem Bahnhof und der Hebronstraße noch die Kaserne aus der Zeit des Unabhängigkeitskrieges. Ein Teil dieser von den Briten erbauten Kaserne wird heute als Polizeistation genutzt. Als Jungen spielten wir oft dort. Wir hatten unsere Hütten und Verstecke in den Dachböden. Wir hatten unser eigenes Reich. Wir bildeten Gruppen und spielten Krieg in und um die Kaserne. Als ich also herausgeworfen wurde, ging ich dorthin und fand einen Schlafplatz auf einem Dachboden.

Ich war sechzehn und hatte eine Menge Freunde. Wir waren gerade im rebellischen Alter, und so machte es mir nicht viel aus, daß ich zu Hause herausgeworfen worden war. Ich aß bei Freunden oder den Missionaren, ging weiterhin zur Schule und fühlte mich gar nicht verlassen.

Am vierten Tag nach meiner Taufe aber gingen meine Eltern zum Direktor meiner halborthodoxen Schule und erzählten ihm, was geschehen war. Ich wußte, daß meine Zeit an dieser Schule damit vorbei war.

Am selben Tag ging ich zu einem Gottesdienst und traf Joe Grey, einen Touristen aus Amerika. Er sagte zu mir: »Ich fliege jetzt nach Amerika zurück und schicke dir ein Flugticket. Du kannst nach Amerika kommen, denn in unserer Stadt ist ein gutes Internat, in dem du deine Ausbildung beenden kannst.«

Und es passierte wirklich! Wenige Tage später bekam ich ein Ticket und flog nach Amerika.

Dort beendete ich nicht nur das Gymnasium, sondern studierte auch an der Christlichen Universität von Michigan.

Während dieser Jahre in Amerika hatte ich keinen Kontakt zu meinen Eltern. Manchmal machte mich das sehr traurig, aber ich hörte nicht auf, ihnen zu schreiben, auch wenn ich nie eine Antwort bekam. Ich schrieb ihnen jeden Monat, und sie schrieben nie zurück.

Während ich an der Universität war, kam der Missionar, den ich in Jerusalem kennengelernt hatte, zurück in die USA und rief mich an. Meine Mutter hatte sich bei einem Arbeitsunfall schwere Verbrennungen zugezogen. Dies war kurz nach meiner Abreise aus Israel geschehen. Sie hatte zwei Jahre lang im Krankenhaus gelegen.

Sofort brach ich mein Studium ab und flog nach Israel. In Jerusalem setzte ich mich gleich mit meinem Vater in Verbindung. Er war bei meiner Mutter im Krankenhaus. Ich ging hin und wurde warm empfangen.

Meine Mutter hatte sich vielen Operationen unterziehen müssen. Kurz darauf wurde sie nach Hause entlassen, und ich besuchte meine Eltern dort.

Ich wußte nicht, ob es andere Juden gab, die wie ich an Yeshua glaubten. Wenn ja, wollte ich sie kennenlernen.

Ich setzte mein Studium an der Hebräischen Universität fort und arbeitete abends. Meinen Lebensunterhalt verdiente ich durch verschiedene Beschäftigungen. Manchmal konnte ich eine Übersetzung für die Prediger machen.

In meinem Ein-Zimmer-Appartement trafen sich Studenten und Gläubige. Es war der Treffpunkt für junge Leute aus den verschiedensten Gruppen. Dann kamen die ersten paar messianischen Gläubigen in meine Wohnung, und automatisch wurde aus uns eine Gemeinde.

Als Jude fühlte ich mich bei den Baptisten und Pfingstlern und anderen Gemeinden fehl am Platze. Ich wollte ein Jude und Israeli bleiben, und in den christlichen Kirchen herrschte eine andere Kultur. Man sang dort alte englische Kirchenlieder mit hebräischen Texten, zum Beispiel: »Vorwärts, Streiter Christi« und »Ein feste Burg ist unser Gott«.

Wenn jemand mit einer *kippa* auf dem Kopf in die Kirche kam, war das gleich ein großes Thema. Heute kann man sich das kaum mehr vorstellen. Damals mußte man die *kippa* abnehmen oder die Kirche verlassen.

Es war unmöglich, ein Jude zu sein. Kein einziger jüdischer Feiertag wurde gehalten, und ständig wurde gegen das Judentum gewettert. Von der Kanzel schrien sie: »Seid ihr nicht froh, daß wir nicht mehr unter dem Gesetz leben, daß wir den Sabbat nicht mehr halten müssen? Seid ihr nicht froh, daß wir Schweinefleisch essen dürfen?« Eine solche Atmosphäre herrschte in diesen Kirchen.

Wenn wir unseren Freunden vom Messias erzählten, konnten wir sie nicht in eine Kirche mitnehmen, wo alle riefen: »Halleluja, wir sind Gläubige und essen Schinkenbrötchen!« und wo man protestantische Lieder sang.

Nach dem Sechs-Tage-Krieg kehrte ich nach Amerika zurück, um meine Studien zum Neuen Testament zu vervollständigen, weil das hier in Israel nicht ging.

Als ich danach zurückkehrte, lernte ich Marcia kennen, und wir heirateten. 1972 zogen wir nach Jerusalem und besuchten dort eine bestimmte Gemeinde. Der Prediger sprach phantastisch, und es gab nur 15 Mitglieder.

Die Hälfte dieser Leute war total verrückt. Solche Leute gibt es viele in Jerusalem. Zum Beispiel gab es drei Frauen mit dem Namen Miriam. Eine von ihnen war »Hunde-Miriam«. Sie hatte ungefähr zwanzig Hunde, die ihr durch die ganze Stadt folgten. Wenn sie in die Gemeinde kam, blieben die zwanzig Hunde vor der Tür, winselten und bellten. Sie roch immer nach Hund. Dann gab es »Blumen-Miriam«. Sie saß immer in der Mitte der ersten Reihe, direkt vor dem Sprecher, und trug eine große Rose oder Nelke in der Hand. Während der Predigt schwenkte sie die Blume und seufzte laut und schwer. Sie kam immer nach vorne, damit der Prediger mit ihr beten konnte. Gegen all das durfte man nie etwas sagen, das gehörte eben zur Gemeinde.

Ich spürte, daß ich mehr über den orthodoxen Judaismus wissen mußte, da ich ja in einer nicht-orthodoxen Familie aufgewachsen war. Schließlich war meine Mutter eine Kommunistin und mein Vater ein Atheist. Während wir begannen, hier eine Gemeinde zu gründen, studierte ich im Rabbinerseminar und beendete die Kurse nach zwei Jahren.

Wir wollten eine Gemeinde werden wie im ersten Jahrhundert, und sie sollte im Kern israelisch sein. Deshalb befragten wir das Neue Testament nach dem Verhältnis zwischen Gesetz und Evangelium, nach der Gnade und den guten Werken, nach der Bekehrung und der Beziehung zwischen Juden und Christen.

Ständig fragten wir uns: »Wie können wir dem Neuen Testament folgen?« Meine Arbeit hatte deshalb zwei Seiten: Einerseits studierte ich, andererseits half ich Menschen, den Messias zu finden.

In den zehn Jahren, in denen so unsere Gemeinde entstand, kamen unzählige Juden und auch Araber zum Glauben.

Im Laufe der Zeit kamen Hunderte von Christen und Nichtchristen in die Gemeinde und empfingen Hilfe. Yeshua veränderte viele Leben, wenn die Menschen »den Weg des Herrn« fanden. Außer zwei jüdischen Versammlungen gründeten wir auch eine arabische.

1981 wurde die Organisation Netivya, »der Weg des Herrn«, gegründet. Es war nötig, eine legale Grundlage zu haben, wenn man zum Beispiel mit der Bank zu tun hatte. Das Ziel von Netivya ist es, das Wort zu studieren, zu lehren und in der Gemeinde so umzusetzen, wie das in den Gemeinden des ersten Jahrhunderts der Fall war.

1983 kannte ich in ganz Jerusalem keinen Ort, wo israelische Juden unter sich zusammenkommen konnten, um etwas vom Messias Israels zu hören. Viele aber wollten nicht in eine katholische oder protestantische Kirche gehen, weil sie dort nicht gesehen werden wollten.

Am 11. April 1983 unterschrieben wir den Mietvertrag, nachdem wir zehn Jahre lang wie Nomaden umhergewandert waren. Wir hatten uns im Park getroffen, in Häusern rund um Jerusalem und in gemieteten Gemeinderäumen. Und das in der Stadt, wo vor zweitausend Jahren die Gemeinde des Herrn ihren Anfang genommen hatte! Nun endlich hatten wir einen Ort, wo wir zusammenkommen und anbeten konnten und wo wir ohne Furcht als Juden studieren konnten. Die Zahl der Besucher wuchs auf sechzig heran und verdoppelte sich dann rasch, und heute gibt es schon keine Sitzplätze mehr.

Die Mitglieder der Versammlung sprechen mehr als neun verschiedene Sprachen. Der Herr hat unsere Gemeinde zu einem Segen für die ganze Welt gemacht. Alle drei Monate erscheint unsere Zeitschrift »Lehren aus Zion«, die in mehr als zwanzig Ländern verbreitet ist.

Netivya ist ein Modell für eine rein jüdische Gemeinde geworden, so wie das auch im ersten Jahrhundert hier in Jerusalem war. Verschiedene Organisationen und Hauskreise sind aus uns hervorgegangen.

Joseph und David Stern wurden Gemeindeleiter. Dr. David Stern hat durch sein »Jüdisches Neues Testament« einen wichtigen Beitrag zur Findung der jüdischen messianischen Identität geleistet. Er hat das Neue Testament so aus dem Griechischen übersetzt, daß das jüdische Element erhalten blieb. Weitere Bücher, wie zum Beispiel »Die jüdischen Wurzeln des Evangeliums wiederentdecken«, haben geholfen, bei Juden Hemmungen abzubauen, den Messias zu suchen.

Dann kamen Probleme aus einer Richtung, die wir nie erwartet hätten. Die Besitzer des Gebäudes brachen den Mietvertrag. Wir glaubten, daß Gott uns das Gebäude gegeben hatte, und wollten es kaufen, damit uns niemand vor die Tür setzen konnte — aber es sollte 125 000 Dollar kosten. Wir baten den Herrn um Hilfe, und er erhörte uns. Das Geld kam durch

Spenden aus den Vereinigten Staaten, Finnland und ganz Israel zusammen.

Dann mußten wir den vier Familien, die in unserem Gebäude wohnten, beim Umzug helfen. Auch das kostete viel Geld. Die letzte Wohnung wurde am 1. September 1990 frei. Eine orthodoxe jüdische Familie hatte sie bewohnt, die uns in der Vergangenheit viele Probleme bereitet hatte. Das kostete uns weitere 94 000 Dollar.

Nun aber waren wir endlich die Eigentümer und einzigen Bewohner des Gebäudes, und wir konnten beginnen, es in Ordnung zu bringen. Unten richteten wir einen schönen Saal mit blauen Stühlen und Gemälden an den Wänden ein. Die Behörden haben uns auch schon mündlich zugesagt, daß wir im Dachgeschoß einen weiteren Raum für 200 Personen bauen dürften.

Eines unserer wichtigsten Projekte heißt »Lehre uns, Meister«, ein hebräischer Kommentar zum Neuen Testament. Bei diesem Projekt arbeiten wir mit Professoren der Hebräischen Universität zusammen, um für den durchschnittlichen israelischen Leser einen möglichst objektiven und akzeptablen Kommentar zu schreiben.

Gott baut wieder seine Gemeinde in Jerusalem. Wir sind eine kleine Gruppe von Pionieren und kämpfen mit vielen Hindernissen. Aber wir haben diese Arbeit begonnen und bauen auf die Verheißungen des Herrn. Es ist schwierig, in Jerusalem Gottes Wort zu verkünden, aber Gottes Plan kann nicht aufgehalten werden. »Um Zions willen will ich nicht schweigen, und um Jerusalems willen will ich nicht innehalten, bis seine Gerechtigkeit aufgehe wie ein Glanz und sein Heil brenne wie eine Fackel, daß die Heiden sehen deine Gerechtigkeit (...)« (Jes 62,1+2).

Wir glauben, daß Yeshua Gott und Mensch ist. In der Bibel wird Yeshua als »Sohn des lebendigen Gottes« bezeichnet und von ihm gesagt, daß niemand außer durch ihn zum Vater kommt. Yeshua ist die einzige Quelle der Rettung für die ganze Menschheit. Dennoch gibt es nur einen Gott.

Dieses Dogma ist mehr als der wichtigste Grundsatz der Religion. Ein Jude ist bereit, für seinen Glauben, daß es nur einen Gott gibt, zu sterben. Alles, was diese Auffassung schmälert, ist Götzendienst und schneidet einen Menschen von der weltweiten Bruderschaft der Juden ab.

In den meisten evangelikalen Kreisen wird es abgelehnt, daß Israel Gottes erwähltes Volk ist. Dies widerspricht aber der genauen Lehre der Heiligen Schrift, zum Beispiel der Lehre von Paulus in Römer 11.

Die meisten Christen glauben, daß »Gnade« und »Befolgen der *Tora*« ein Gegensatz sind. Yeshuas Lehre ist allerdings, was das Verhältnis zwischen Gnade und Gesetz angeht, ganz deutlich: Gott rettet durch seine Gnade, und alle unsere Werke sind so wenig wert wie Müll. Das heißt aber nicht, daß ein Kind Gottes sich vom Gesetz zurückziehen und dieses nicht mehr beachten darf. Der heutige Judaismus als System und Überzeugung hat sich in bestimmten Punkten von Mose entfernt, aber der *Talmud* und die jüdischen Schriften sind immer noch Teil unseres Erbes, und wir müssen sie respektieren.

Israel hat auch als Land eine biblische Bedeutung. Zu einer Zeit, wo viele christliche Theologen einer »Theologie des Ersatzes« anhängen (die besagt, daß die Kirche die Stelle der Juden als Gottes Volk eingenommen hat), ist es nötig zu betonen, daß das Land Israel im Neuen Testament eine wichtige Stelle einnimmt.

Gottes Plan für die Gegenwart, Vergangenheit und Zukunft ist nicht getrennt vom *Erez Israel*. Wir bringen den Mitgliedern unserer Gemeinde bei, daß das Familienleben der jüdischen Gläubigen den Glauben an Yeshua als den Messias widerspiegeln muß und ihr Haus ein Ort sein muß, an dem Juden willkommen sind. Das Haus eines Gläubigen in Israel muß so sein, daß ein normaler orthodoxer Jude keine Probleme hat, einzutreten und am Tisch mitzuessen.

Yeshua hat gesagt, daß unsere Gerechtigkeit größer sein muß als die der Schriftgelehrten und Pharisäer. Das heißt nicht, daß wir »unter dem Gesetz« sind, aber praktisch bedeutet das, so zu leben, wie die Juden in der ersten Gemeinde.

5.

Menahem und Haya, die Pioniere

Die Jaffastraße im Zentrum Jerusalems ist laut und schmutzig. Die Busse kämpfen sich durch den Verkehr, auf dem Bürgersteig drängen sich Menschen aller Nationalitäten und Hautfarben. Der kleine Markt ist buchstäblich schwarz von orthodoxen Juden, die *lulav* für das Laubhüttenfest kaufen.

Wenn man sie beobachtet, sieht man, wie sorgfältig die Männer die Palmen-, Myrrhen- und Weidenzweige untersuchen, bevor sie sie kaufen. Besonders die *etrog,* eine Art Zitrone, wird gründlich beäugt, da für das Freudenfest alles makellos sein muß.

Ich entdecke das Gebäude, in dem Menahem Benhayim arbeitet. Mit dem Aufzug erreiche ich rasch das Büro der Internationalen Vereinigung Messianischer Juden im achten Stock, und ich finde Zimmer 844. Ich klopfe an und höre eine lebhafte Stimme: »Herein.« Menahem begrüßt mich mit einem breiten Lächeln, und Haya bietet mir einen Platz an.

Als ich die Kamera auspacke, zerreißt Sirenengeheul die Stille. Ein Rettungswagen? Ein Polizeiauto? In Jerusalem fragt man sich oft, ob wohl wieder eine Bombe explodiert ist.

Mit dem Verkehrslärm im Hintergrund höre ich die phantastische Geschichte dieser Pioniere. Vor 30 Jahren, im März 1963, kamen Haya und Menahem Ben-Hayim als Einwanderer aus Amerika. Sie waren das erste Ehepaar messianischer amerikanischer Juden das sich in Israel niederließ.

Mit eigenen Augen haben sie gesehen, wie das kleine Rinnsal in der Wüste zum Fluß geworden ist — buchstäblich in der Wüste, denn ihre Geschichte beginnt in Eilat, der südlichsten Siedlung in Israel.

Wer könnte besser als sie die Dimensionen, den Inhalt und die Zukunft der messianischen Bewegung in Israel ermessen?

Haya ist eine typische amerikanische jiddische *mamme.* Sie spricht in ausladenden Sätzen mit lebhaften Gesten, aber man merkt ihr auch an, daß sie von der Wahrheit absolut überzeugt ist. Sie ist ein mütterlicher Typ, obwohl sie durch das Pionierleben nie eigene Kinder hatte — aber sie und ihr Mann waren Mutter und Vater für unzählige junge Menschen. Zuerst höre ich ihr zu.

Als wir 1963 nach Israel kamen, wußten wir nicht, was uns erwartete. Wir hofften das Beste und waren aufs Schlimmste vorbereitet. Im Kibbuz mußte ich die Toiletten putzen und verschiedene schwere Arbeiten erledigen. Da ich aus einer gutgestellten Familie kam, war ich daran nicht gewöhnt!

Meine Vorfahren väterlicher- und mütterlicherseits waren Juden. Stellen Sie sich vor, meine Großväter hießen Abraham und Isaak, und mein Vater hieß Jakob.

Ich wuchs in Connecticut in den USA auf. Nach jüdischer Tradition hatte ein Mädchen zu Hause nicht viel zu sagen. Als ich sieben war, lernte ich ein schwedisches Mädchen in der Grundschule kennen. Ihre Mutter war eine sehr geistliche Frau, die sich gut in der Bibel auskannte. Sie erzählte mir von Gott und Yeshua. Aber ich dachte: »Ich bin das jüngste von sieben Kindern in einer traditionellen jüdischen Familie. Das ist nichts für mich. Meine Mutter und mein Vater und meine älteren Geschwister würden es nie akzeptieren, wenn ich an Yeshua glauben würde. Sie würden noch nicht einmal zuhören, wenn ich es ihnen erzählen wollte.«

Viele Jahre später war ich bei meiner verheirateten Schwester in Florida. Ich lag auf der Veranda und hatte einen Traum. Ich sah mich in eine Grube ohne Boden fallen. Ich fiel immer schneller und schneller. Um mich herum war es dunkel, und ich dachte, daß Gott mich bestraft. Ich war überzeugt, daß ich wegen meiner Sünde verloren war. Ich hatte das Alte und das Neue Testament gelesen und wußte einiges über Gottes Gericht.

Diese schreckliche Erfahrung machte mir angst. Zum ersten Mal in meinem Leben schrie ich zu Gott. Ich rief: »Gott, habe Erbarmen!« Und mir war, als werde eine zehn Tonnen schwere Last von mir genommen. Danach fühlte ich mich leicht und voller Frieden und mußte gleichzeitig lachen und weinen. Seitdem habe ich noch andere Juden getroffen, die solche Erfahrungen hatten, aber damals dachte ich, ich sei die einzige auf der ganzen Welt.

Miami Beach in Florida wurde auch »Klein-Israel« genannt, weil so viele Juden dort lebten. Die

Schweden aus Connecticut hatten mir erzählt, daß es am Strand eine kleine Mission für Juden gebe. Sie hatten gesagt, man würde mich mit offenen Armen empfangen.

Ich konnte nicht in eine Kirche gehen, weil man als Jude immer an zweitausend Jahre Kirchengeschichte erinnert wird. Und wenn man an Yeshua glaubt, versteht einen auch in der Synagoge keiner. Messianische Juden können sehr einsam sein.

Die Mission wurde von zwei älteren Damen geleitet. Sie gaben allen Juden, die herkamen, Bibeln und gute evangelistische Bücher und luden sie zu den Versammlungen ein. Als ich zur Versammlung kam, drückte man mir ein Gesangbuch in die Hand. So etwas hatte ich noch nie erlebt. Sie sangen »Süßer, wenn die Jahre vergehn«, und ich fand es wunderbar und meldete mich freiwillig zur Mitarbeit.

Als ich 21 Jahre alt war, starb mein Vater, meine Mutter starb vier Jahre später. Sie hatte sich immer Sorgen gemacht, was aus mir werden sollte, denn ich hatte ein recht loses Leben geführt. Aber durch die Vision und meine Hinwendung zu Gott änderte sich mein Leben.

Zehn Jahre lang betete ich um einen Ehemann, und 1961 lernte ich Menahem kennen. Er war vor einigen Jahren zum Glauben gekommen und getauft worden. Wir heirateten im Hause eines gläubigen jüdischen Ehepaares in Connecticut und wurden aktive Zeugen unter Juden und Heiden.

Damals waren wir oft die einzigen gläubigen Juden in unserer Umgebung. Der Geist wirkte nicht unter den Juden, wie er das heute tut.

Vor unserer Heirat war Menahem zu verschiedenen Versammlungen gegangen, und viele sahen ihn seltsam an, als sei er ein Unikum. Aber doch waren Yeshua und alle seine Apostel Juden, und die Bibel sagt: »das Heil kommt von den Juden« (Joh 4,22). Für uns war es wie im Mittelalter, eine Zeit, in der es nur ein kleines Häufchen messianischer Juden gab.

Nun erzählt Menahem seine Geschichte:

Ich, Menahem Ben-Hayim, bin das jüngste Kind von Hyman und Rebecca, die zu Anfang des Jahrhunderts aus einem osteuropäischen Dorf in die Vereinigten Staaten auswanderten. Sie hatten in einem Teil des Österreichischen Kaiserreichs gelebt, der nach dem Ersten Weltkrieg aber Polen einverleibt wurde.

Beide wuchsen in einer Gemeinschaft chassidischer Juden auf, in der sich im Laufe der Jahrhunderte wenig verändert hatte. Es war schwer sich in Amerika einzugewöhnen, aber sie versuchten, so viele alte Traditionen wie möglich zu bewahren. Mit ihren sieben Töchtern und Söhnen, von denen ich der jüngste war, lebten sie in einem engen Mietshaus im Osten New Yorks.

Mein Vater war ein einfacher Schneider, der nur Jiddisch sprach. Seit er zehn Jahre alt war, hatte er arbeiten müssen, weil seine Eltern sehr arm waren, und deshalb war er nicht sehr gebildet. Er kannte nur die jüdischen Gebete und Traditionen und bestand darauf, daß diese zumindest zu Hause streng eingehalten wurden.

Nach chassidischer Tradition trug meine Mutter eine Perücke. In Amerika schafften aber immer mehr orthodoxe Frauen die Perücken ab, weil sie diese zu altmodisch fanden. Nach dem Tod meines Vaters gelang es meiner ältesten Schwester schließlich, meine Mutter zu überreden, ihr eigenes Haar wachsen zu lassen und die Perücke beiseite zu legen. Wir Kinder wurden immer amerikanischer. Als ich alt genug war, um zur Schule zu gehen, hatte meine Familie eine weitere Stufe auf der Wirtschaftsleiter erklommen, und wir konnten das ungeheizte Mietshaus im Ghetto verlassen. Wir konnten uns eine Wohnung mit Zentralheizung und Toilette in Brooklyn leisten.

Da viele italienische Einwanderer in diesem Bezirk lebten, kam es mir vor, als gebe es zwei Sorten Menschen: Juden und Italiener. Als ich sechs Jahre alt war, ging ich einmal mit meinem italienischen Freund nach Hause, und wir unterhielten uns über die Religion.

»Pasquale, wußtest du, daß unser Gott die Welt geschaffen hat?« fragte ich. Ich hatte gerade die Schöpfungsgeschichte gehört.

Mein kleiner katholischer Freund suchte nach einer Antwort. Nach langem Überlegen sagte er: »Aber unser Gott hat die Straßen geschaffen!«

Nach diesem tiefgehenden theologischen Disput führten wir unseren Heimweg schweigend fort.

Die meisten jungen Leute mußten arbeiten gehen, sobald sie die Schule verlassen konnten. Es war die Zeit der wirtschaftlichen Rezession. Hitler gewann immer mehr Macht, und in New York waren die kommunistischen und sozialistischen Parteien aktiv. Viele junge Leute, die nicht praktizierende Juden waren, fühlten sich zu den radikalen politischen Bewegungen hingezogen.

Die *cheder,* die orthodoxe jüdische Schule, die die jüdischen Kinder nachmittags nach der normalen Schule besuchten, war noch sehr altmodisch — besonders, als meine Brüder sie besuchten. Es gab nur wenig, was das Judentum attraktiv machte, und alles wurde auf Hebräisch oder Jiddisch gesagt. Das mochten die Kinder nicht.

Als ich alt genug war, um zur *cheder* zu gehen, lernte ich eine gemäßigtere Form des Judaismus kennen. Man versuchte, konstruktiver mit den Kindern umzugehen und ihr Interesse zu wecken. Wir hatten Unterricht in Hebräisch, jüdischer Nationalgeschichte, sozialer Geschichte und im Zionismus.

Das war etwas besser als das, was meine Brüder durchgemacht hatten, denn sie hatten endlose Gebete auswendig lernen müssen, die sie nicht verstanden. Man hatte sie altmodisch behandelt, und so bald wie möglich kehrten sie dem Judaismus den Rücken zu.

Wir Kinder hatten uns an einige Forderungen unserer Mutter zu halten — an den hohen Feiertagen in die Synagoge gehen, am Passa-*Seder* teilnehmen, zu Hause streng koscher essen.

Die meisten jüdischen Kinder dieser Generation kehrten sich vom orthodoxen Judaismus ab. Sie glaubten, daß für dieses Überbleibsel aus der Alten Welt kein Platz in Amerika, der Neuen Welt, sei. Gleichzeitig waren wir uns auch der Bedrohung durch diese große Tragödie in Europa bewußt. Wir sahen, wie sich der Antisemitismus ausweitete, — und selbst in Amerika gab es naziähnliche Gruppen.

Als ich das Alter für meine *Bar Mizwa* erreichte, war ich hin- und hergerissen. Einerseits fand ich einige moderne Formen des Judentums attraktiv, andererseits zog es mich zu den weltlichen, nicht religiösen Bewegungen.

Während ich das Gymnasium besuchte, herrschten in unserer jüdischen Gemeinschaft einige Differenzen über das Buch »Der Nazarener« des jiddischen Schriftstellers Scholem Asch, welches ins Englische übersetzt worden war. Der Schriftsteller kam aus einem jüdischen Hintergrund, drückte sich aber sehr positiv über Yeshua und seine Jünger aus. Das Buch war ein Bestseller in Amerika, und es regte viele Juden an, über den jüdischen Yeshua nachzudenken.

In der Synagoge, die ich manchmal am Freitag abend besuchte, sprach der Rabbi in zwei Vorträgen über das Buch. Viele Juden hatten Asch angegriffen; sie waren zornig, weil er den »Rabbi Yeshua« so positiv beschrieb. Andere hingegen empfahlen ihn, weil er Yeshua als guten und gläubigen Juden zeigen wollte. Ich wollte das Buch unbedingt lesen, aber ich hatte kein Geld, und in der Leihbücherei war es ständig ausgeliehen. Ich dachte in den nächsten paar Jahren oft daran.

Im Dezember 1941 griff Amerika in den zweiten Weltkrieg ein, und ich wurde im März 1943 zum Militärdienst einberufen. Ich wurde geprüft und schnitt beim Intelligenztest gut ab. Deshalb wurde ich zu einer medizinischen Einheit geschickt und später als Sanitäter in England eingesetzt.

Einige Monate lang war ich bei Barnstaple, einem Dorf in Devon, stationiert. Ich hatte den »Nazarener« nicht vergessen und dachte, daß Scholem Asch mir helfen könnte, diesen seltsamen Mann Yeshua von Nazareth zu verstehen, der als helles Licht in der Geschichte der Menschheit leuchtete. Aber ich merkte, daß ich zuerst zur Quelle gehen mußte, und deshalb beschloß ich, das Neue Testament zu lesen, bevor ich mich dem »Nazarener« zuwandte, der jetzt für mich in der Basisbibliothek erhältlich war.

Am späten Abend ging ich zu einem Buchgeschäft in Barnstaple, denn ich wollte nicht gesehen werden. Wegen der deutschen Bomben war alles verdunkelt, und ich würde ungesehen eine Bibel kaufen können. Es funktionierte. Ich fand das Geschäft und erstand meine erste Bibel. Da ich nicht wollte, daß meine jüdischen Kameraden etwas merkten, las ich sie heimlich.

Was ich las, berührte mich zutiefst. Ich las die Bergpredigt und Yeshuas Gleichnisse, und eine große Freude ergriff mich. Dieser Rabbi aus Galiläa sprach die Wahrheit, und ich lernte ganze Teile der Evangelien auswendig.

Besonders beeindruckte mich, wie bescheiden Yeshua war und wie er den Jüngern beibrachte, keine Ehre oder kein Ansehen zu suchen. Ich las Matthäus 20, 25-28:

»Ihr wißt, daß die Herrscher ihre Völker niederhalten und die Mächtigen ihnen Gewalt antun. So soll es nicht sein unter euch; sondern wer unter euch groß sein will, der sei euer Diener; und wer unter euch der Erste sein will, der sei euer Knecht, so wie der Menschensohn nicht gekommen ist, daß er sich dienen lasse, sondern daß er diene und gebe sein Leben zu einer Erlösung für viele.«

Das ließ sich durchaus mit den jüdischen Vorstellungen vereinbaren. Was konnte ein denkender Jude dagegen haben? Und wie verschieden war das doch von so vielem, was die Juden vom Christentum wußten!

Die archaische Sprache der King James-Bibel störte mich nicht, denn ich las viele alte englische Literatur, sogar Shakespeare.

Ich war überzeugt, wenn es eine Grundlage für die jüdische messianische Hoffnung gab, lag sie in unserem eigenen Rabbi Yeshua, vor dem man »das Angesicht (...) verbarg« (Jes 53, 3).

Auch ich hatte das Angesicht vor ihm verborgen, aber ich kam mehr und mehr zu der Überzeugung, daß ich ihm nicht entfliehen konnte. Ich spürte, daß ich mich offen zu Yeshua bekennen mußte. Ich wußte, daß ich dadurch nicht weniger ein Jude sein würde. Es würde vielmehr die Erfüllung meines Jüdisch-Seins sein, eine »Beschneidung, bei der kein Mensch Hand anlegt«. Dennoch war es für mich überaus schwierig, da das jüdische Leben und die Kultur tief in mir verwurzelt waren. In den Augen der meisten Juden bedeutet so ein Schritt, daß man sich vom jüdischen Erbe lossagt.

In der amerikanischen Armee gab es Protestanten, Katholiken und einige Evangelikale. Manche gingen nur in den Gottesdienst, weil Krieg war und sie Angst hatten. Nach dem Krieg kam ich mit liberalen Gruppen zusammen, bei denen ich mich wohler fühlte, weil ich mich dort nicht von christlichen Symbolen und Dogmen bedroht sah.

Einige Zeit lang fühlte ich mich von den »guten Werken« sehr angezogen. Ich war aktiv beim konservativen Roten Kreuz und auch beim »Katholischen Arbeiter«, einer pazifistischen und sozialistischen Bewegung, die viel für die Armen und Elenden in New York tat.

Ich war voller Energie und an allem interessiert, was um mich herum vorging. Ich las viel und schrieb Artikel für eine rassenübergreifende Zeitung in New York. Aber ich teilte meinen Glauben an Yeshua nur in privaten Gesprächen mit. Ich achtete immer dárauf, bei meinen überwiegend liberalen und weltlichen Bekannten nicht zu »religiös« zu erscheinen.

In England hatte ich die großen Kathedralen der Church of England besucht und war von den Kunstwerken und der Musik begeistert. Dennoch war ich mir bewußt, daß ich ein Jude war, und ich dachte mir, daß Juden nur zum Besichtigen in eine Kirche gehen sollten.

Zwei Jahre nach meiner Entlassung aus der Armee hatte ich ein bemerkenswertes Erlebnis. Ich wollte für meine Mutter den Passa-Wein in einem orthodoxen jüdischen Geschäft im Osten New Yorks kaufen, wo es absolut koscheren Wein gab. Mein Vater war im Vorjahr gestorben, und ich sollte das *Seder* in der Familie leiten. Es war ein schöner Frühlingstag, und ich ging zu Fuß von unserer Wohnung nach Brooklyn.

Unterwegs fielen mir plötzlich zwei Stellen aus dem Neuen Testament ein. Eine beschäftigte sich mit Yeshuas Herausforderung an den reichen Jüngling: »Verkaufe, was du hast, und gib's den Armen, (...) und komm und folge mir nach!«. Die andere war aus der Bergpredigt: »Darum sorgt nicht für morgen, denn der morgige Tag wird für das Seine sorgen. Es ist genug, daß jeder Tag seine eigene Plage hat.«

Ich dachte: »Das ist der Weg, wie ich Yeshua folgen soll.« Ich beschloß, gleich nach Passa meinen ganzen Besitz wegzugeben. Meine Mutter war Witwe und würde alles bekommen. Dann wollte ich das Land verlassen — wohin, wußte ich noch nicht. 1948, in dem Jahr, als Israel ein Staat wurde, verkaufte ich buchstäblich alles, holte meine Ersparnisse von der Bank — ungefähr 250 Dollar — und gab meiner Mutter das Geld.

Ich beschloß, auf einem Schiff Arbeit zu suchen. Ich besuchte Reeder entlang der Ostküste der Vereinigten Staaten und hörte von einem Schiff der Vereinten Nationen, das aus Brooklyn auslaufen sollte. Wegen meiner medizinischen Kenntnisse aus der Armee wurde ich für eine Tour eingeteilt, bei der heimatlose Menschen aus Europa aufgenommen und in Länder der ganzen Welt gebracht wurden, die ihnen Asyl boten. Ich sollte im Schiffshospital arbeiten, und falls es keine Patienten gab, sollte ich an Deck helfen.

Während dieser Reise sank ich einmal in eine Depression, die ihren Tiefpunkt erreichte, als das Schiff in Bremerhaven im besetzten Deutschland anlegte. Ich bat Gott sogar, sterben zu dürfen. Ich fuhr durch Bremen und sah deprimierende ausgebombte Ruinen um mich herum.

Von Bremerhaven sollten dann Hunderte von Flüchtlingen nach Südafrika transportiert werden. Da ich Jiddisch sprach, mich auf Deutsch verständigen konnte und auch Spanisch gelernt hatte, arbeitete ich viel als Dolmetscher. Zusätzlich half ich den Kranken und arbeitete in der Küche des Schiffshospitals. Die Arbeit belebte mich.

Innerhalb eines Tages fühlte ich mich wie ein neuer Mensch. Ich merkte, daß Gott in meinem Leben arbeitete. Ich hatte den Tiefpunkt erreicht, und von nun an ging es aufwärts.

Schließlich kehrte ich nach New York zurück und traf einen Juden, der an Yeshua glaubte. Er hieß Rachmiel Friedland und arbeitete unter Juden im Osten New Yorks. Er kam aus einer ultra-orthodoxen Familie aus dem Vorkriegspolen und hatte 1937 in Warschau Yeshua kennengelernt. Später war seine ganze Familie beim Holocaust ums Leben gekommen, nur er hatte auf wunderbare Weise überlebt.

Rachmiel brachte mich mit anderen jüdischen Gläubigen zusammen − ich verstand mich sehr gut mit ihm. Wir unterhielten uns oft auf Hebräisch und Jiddisch, und mit ihm konnte ich mich entspannen und die theologischen und kulturellen Probleme vergessen, die ich mit nichtjüdischen Christen hatte. Die meisten evangelikalen Christen, die ich kannte, waren im sozialen Bereich nicht aktiv und kümmerten sich nicht um den Rassenkonflikt in Amerika. Sie sprachen nur darüber, »gerettet« zu sein und in den Himmel zu kommen, oder sie konfrontierten einen mit Routinefragen über die Dreieinigkeit.

1960 bat ich dann Rachmiel um die *mikwa*, das Eintauchen. Ich wollte keine Taufe in einer christlichen Kirche, sondern eine *mikwa* im jüdischen Rahmen. Mein Ersatz für den Jordan war Coney Island in Brooklyn, eine sehr jüdische Umgebung. Rachmiel führte mich in die Vereinigung Hebräischer Christen (heute Vereinigung Messianischer Juden) ein, und ich lernte andere jüdische Gläubige kennen.

Am Neujahrstag 1961 besuchte ich die Hebräischen Christen in Bridgeport in Connecticut, und dort lernte ich Haya kennen. Später im selben Jahr heirateten wir im Haus von jüdischen Gläubigen.

Ein Jahr später zogen wir nach Miami Beach in Florida, und ich arbeitete als Sanitäter im Jackson Memorial Hospital. Wir waren glücklich, offen über unseren Glauben reden zu können, und unser Leben war voller Aktivität.

Beide empfanden wir eine tiefe Liebe zu Israel. In meiner Jugend war ich schon in der zionistischen Bewegung aktiv gewesen, die sich damals für die Gründung eines jüdischen Staates in Palästina einsetzte. Als Gläubige fühlten wir uns aber nicht stark genug, uns in Israel anzusiedeln.

Viele Juden waren überzeugt, daß die Christen unsere schlimmsten Feinde waren. Sie setzten Christen und Nazis gleich, und die messianischen Juden waren für sie Verräter, die zum Feind übergelaufen waren.

Aber der Gedanke, nach Israel zu gehen, arbeitete weiter in uns. Ein Jahr nach unserer Hochzeit beschlossen wir, Gott um ein Zeichen zu bitten. Wir erhielten das Zeichen und gingen im März 1963 an Bord eines israelischen Frachtschiffes, das uns von Miami nach Israel brachte.

Wir kamen als Touristen und blieben einige Wochen bei den Friedlands, die schon früher ausgewandert waren. Wir schauten uns um und arbeiteten einige Monate in einem Kibbuz. Später halfen wir Rose

Warmer, einer Überlebenden des Holocaust, die in Israel Bibeln verteilte.

Danach ließen wir uns in Eilat nieder, wo wir die ständige Aufenthaltserlaubnis beantragten. Eilat war damals eine kleine Siedlung zwischen der Wüste Negev im Norden und der Wüste Sinai im Süden, dem Roten Meer im Osten und dem arabischen Hafen Aqaba. Ich arbeitete im Hafen. Es war schwer, in der Hitze von Eilat zu arbeiten, aber ich war in den Dreißigern und stark genug.

Meine Kollegen konnten nicht verstehen, daß ich als Amerikaner so schwer arbeitete — die meisten Amerikaner, die sie kannten, waren reiche Touristen. Besonders konnten das viele orientalische Juden nicht verstehen, denn sie wollten sehr gerne nach Amerika oder Kanada auswandern, aber ich war von dort gekommen, um in der Hitze und im Staub von Eilat zu schuften!

Nach dem Sechs-Tage-Krieg fand ich eine Stelle bei einer Schiffahrtsgesellschaft, bei der ich zehn Jahre arbeitete.

Während dieser Zeit hielten wir Hauskreise und verteilten Bibeln. Haya gab sich besondere Mühe mit den vielen Besuchern, die zu uns kamen und auf den Gästebetten in unserer Wohnung schliefen.

Immer mehr englischsprachige Menschen kamen nach Eilat. Es war die Zeit der Hippies. Sie lagen den ganzen Tag am Strand und rauchten Hasch oder verdingten sich als Gelegenheitsarbeiter. Der Holländer John Pex war einer von ihnen. Wir konnten ihm auf seinem Weg zum Glauben helfen.

Ich begann wieder, für verschiedene christliche

und jüdische Magazine zu schreiben. 1976 fragte mich die Internationale Vereinigung Hebräischer Christen, ob ich ihr Sekretär in Israel sein wolle. Rachmiel Friedland und seine Familie waren nach Amerika zurückgegangen. Ich nahm das Angebot auf Halbtagsbasis an, aber langsam wurde es zu viel, den ganzen Tag im Büro der Schiffahrtsgesellschaft zu arbeiten, für Magazine zu schreiben und die Vereinigung zu repräsentieren. Im August 1977 gab ich meine Stelle auf, und im November zogen wir nach Jerusalem.

Die messianische Bewegung entwickelte sich schnell. Mehr junge Leute kamen zum Glauben, und der Einfluß der amerikanischen »Juden für Yeshua« machte sich in Israel bemerkbar. Die Medien berichteten viel über uns.

1974 wurde ich Mitglied des Lausanner Komitees für Weltevangelisation, und 1977 wurde ich eingeladen, im Rat der Bibelgesellschaft zu dienen, und ich half mit, die Messianische Vereinigung von Israel zu gründen.

Die Vereinigung Messianischer Juden will jüdische Gläubige aller Kongregationen miteinander vereinen. Viele messianische Gläubige fühlen sich in Israel noch nicht akzeptiert. Wir flattern umher wie ein Vogel, der das Fliegen noch nicht gelernt hat. Wir haben noch keine starken Flügel, um wie ein Adler aufzusteigen. Das Problem ist, daß wir kulturell noch immer sehr gemischt sind. Man darf nicht vergessen, daß jeder Jude einen anderen Hintergrund hat. In den Versammlungen gibt es Juden aus Jemen, Indien, Südafrika, Äthiopien, den Britischen Inseln, Osteuropa und Nord- und Südamerika, außerdem gebürtige Israelis. Israel ist ein riesiger Schmelztiegel. Gleichzeitig behalten unsere Versammlungen viele Merkmale der Kirchen, mit denen sie in der Diaspora Kontakt hatten oder durch die sie zum Glauben gekommen sind. Das betrifft auch die Art der Anbetung. Da gibt es charismatische und nichtcharismatische Freikirchen, die liturgische Kirche und andere.

Manchmal hält nur eine starke Persönlichkeit die Versammlung zusammen. Manchmal betreffen die Probleme nicht die Theologie, sondern die Persönlichkeit des Leiters. Dies hat schon manchmal das Wachstum des messianisch-jüdischen Teils der Gemeinde Christi in Israel behindert.

Deshalb will die Vereinigung Messianischer Juden auf der Grundlage von Paulus' Lehre in Epheser 2, Juden und nichtjüdische Christen (»Heidenchristen«) zusammenbringen, wobei die Unterschiede respektiert werden. Wir möchten, daß das jüdische Element in der Kirche wieder zum Leben erweckt wird. Damals bekämpfte Paulus die jüdischen Leiter, die den Heiden die Beschneidung aufzwingen wollten. Er lehrte, daß die Heiden ihre Kultur und ihre Gewohnheiten behalten könnten, wenn diese nicht der Schrift widersprächen. Sie durften sogar Fleisch an ihren Festtagen essen, wenn sie damit keine anderen Gläubigen belasteten.

Gott wollte nicht, daß die Heiden von ihren Wurzeln getrennt wurden. Und die jüdischen Gläubigen blieben innerhalb ihres jüdischen Umfelds. Paulus und die anderen Apostel lebten als Juden, waren aber gleichzeitig mit der schnell wachsenden Kirche der »Heidenchristen« verbunden.

Tragisch ist, daß irgendwann in der Geschichte das jüdische Element aus der Kirche entfernt wurde. Und in den Synagogen war kein Platz für Juden, die an den Yeshua HaMaschiach glaubten. Wir haben nun 1600 Jahre hinter uns, in denen es bedeutete, *kein* Christ zu sein, wenn man Jude war, und *kein* Jude zu sein, wenn man Christ war.

Erst vor kurzem hat die Lage sich zu verändern begonnen. Das Monopol der Kirche und der Synagoge ist gebrochen. Es wurde den Christen und den Juden möglich gemacht, nach dem Neuen Testament zu leben. Es ist einem Juden jetzt möglich, Jude zu bleiben, wenn er an Yeshua glaubt, und Christen können nun der speziellen Art ihrer jüdischen Brüder und Schwestern Raum geben.

Nur wenige Juden haben in dem Land, aus dem sie kamen, einen Ort gefunden, wo sie ihren Glauben auf echt jüdische Weise leben konnten. Da bilden Amerika, Schweden und Holland keine Ausnahme. Hier in Israel entsteht diese Möglichkeit langsam. Wir sind zahlenmäßig stärker geworden. Die Anzahl der messianischen Juden im Land ist schwer zu bestimmen, weil die meisten Versammlungen gemischt sind. In manchen Gruppen sind nur die Hälfte oder weniger der Mitglieder echte Juden. Eine vorsichtige Schätzung spricht von etwa 1500 (heute 3000), die in dreißig bis dreiunddreißig Versammlungen verstreut sind. Aber Gott schaut niemals nach der Menge. Wir wissen, daß im Obergemach des Hauses in der Apostelgeschichte nur 120 versammelt waren, und wenn wir nur etwas von ihrem Eifer hätten, könnte Großes geschehen.

Vor 1970 führten viele Juden ein Doppelleben. Nur die engsten Verwandten und die Gemeindemitglieder wußten, daß sie gläubig waren, denn sie verbargen ihren Glauben vor den anderen.

Als wir vor 30 Jahren hier ankamen, gab es fast keine jüdischen Gläubigen, die hier geboren waren. Alle waren Einwanderer. Wir lebten im Untergrund, weil es fast keine hebräischsprachige Versammlung gab. Eines der ersten Treffen, die wir 1963 besuchten, bestand aus 30 Personen, die sieben verschiedene Sprachen hatten. Eine Jugendgruppe war ins Leben gerufen worden, aber viele junge Leute konnten dem Druck durch Schulfreunde oder die Armee nicht standhalten.

Ein Problem waren auch die Lieder. Die meisten waren übersetzte alte protestantische Kirchenlieder. Wir mußten also wachsen und unsere eigenen Lieder schreiben.

Im September 1969 wurde die erste autonome denominationslose Versammlung in Israel gegründet. Viele sind seitdem dazugekommen. Wir bieten auch Jugendlager an für die zweite und dritte Generation von Gläubigen.

Jetzt haben wir ungefähr 200 neue hebräische Lieder, und 1989 fand die erste Konferenz der messianischen Juden im Rahmen der erneuerten Vereinigung Israelischer Messianischer Juden statt. Wir hatten Evangelisationseinsätze auf den Straßen und am Strand, besonders in Haifa und Tel Aviv. In Jerusalem war die Lage komplizierter.

Geführt vom Heiligen Geist müssen wir etwas schaffen, was gleichzeitig jüdisch und messianisch ist.

Gott hat uns in eine Lage gebracht, in der wir nicht einfach alte Wege gehen können. Methoden, die in der ganzen Welt zur Evangelisation angewandt werden, funktionieren hier nicht. Methoden, durch die überall sonst Gemeinden wachsen, sind hier vielleicht zwecklos.

Gott wird uns davor beschützen, wieder eine Sekte zu werden, die vom restlichen Israel isoliert ist. Die Bewegung der messianischen Juden ist von Gott begonnen worden, und nur durch Gottes Gnade und den Heiligen Geist kann sie voll zur Blüte kommen. Gott hat dies angefangen, und nur er weiß, wohin das führen wird.

6.

Eli,
der *sabra*

Ich traf Eli (33 Jahre alt) in Qumran in der Wüste Juda. Dieser Ort ist etwas Besonderes für Eli, denn sein Vater hat den Kibbuz Beit Ha Arava, nördlich vom Toten Meer, mitgegründet. Dieser Kibbuz fiel nach der Aufteilung des Landes 1948 an Jordanien.

Qumran war voller Leben. Tausende von Christen umgaben mich, die aus der ganzen Welt nach Jerusalem gekommen waren, um das Laubhüttenfest zu feiern.

Sacharja 14,16 spricht davon, daß eines Tages alle Völker nach Jerusalem reisen werden, um dieses Fest vor Gott zu feiern. Ich hörte alle möglichen Sprachen, und dann plötzlich – Holländisch. Riki, eine lebhafte junge Frau, kam auf mich zu und rief: »Ben, hast du Eli schon getroffen? Du mußt mit ihm sprechen. Er ist ein messianischer Jude, der nach Holland kam und dort Christen traf. Er stellt in der Tanzgruppe den Hohepriester dar.«

Ich sagte ihr, daß ich ihn gerne kennenlernen wollte, und sogleich verschwand Riki in der Menge, um ihn für mich zu suchen. Die Menschen bildeten lange Schlangen vor den Tischen, an denen sie einen Pappteller mit Obst und einem Hühnerbein bekamen.

So wie Gott einen »Tisch in der Wüste« für die Kinder Israel bereitet hatte, bekamen 4000 Menschen hier zu essen. Riki zog mich am Ärmel mit sich, und dann stand ich vor einem jungen Mann mit schwarzem Bart und lachenden Augen, Eli, der zu mir auf Holländisch »Guten Abend« sagte.

Ich erzählte ihm, daß mich seine Geschichte interessierte, und wir verabredeten uns auf der CVJM-Terrasse nach dem Marsch durch Jerusalem. »Aber zuerst möchte ich ein Foto von dir machen, Eli, denn wenn wir uns wiedersehen, wird es dunkel sein.« Und so fotografierte ich Eli in Qumran.

Wenn die Sonne hinter der hohen Steinmauer untergeht, wird die Hitze erträglich, und ich begann, mich umzusehen. Da waren Tausende von Menschen aus 60 Ländern, und ein großer silberner Mond ging langsam über den Bergen auf, von denen Mose aus das Gelobte Land zum ersten Mal gesehen hatte. Das silbrige Mondlicht spiegelte sich im Toten Meer wider. Hier kommt die Natur zur Ruhe, und die Schöpfung singt Gott ein Loblied.

Zwischenzeitlich hatte eine Gruppe von Musikern und Sängern ihren Platz auf dem Podium eingenommen. Sie sangen *»Baruch Haschem Adonai«*, und immer mehr Menschen aus der Menge stimmten ein. Dann erschien eine Tanzgruppe auf einem anderen Podium und pries Gott durch ihre farbenfrohen Kleider, eleganten Bewegungen und strahlenden Gesichter.

Das Ende des Festes kam, und alle Augen richteten sich nach oben. Hoch über den Bergen brannten Fackeln, gemeinsam bildeten sie eine große *menora*.

Und ganz oben beleuchtete ein Flutlicht die israelische Flagge, die träge im lauen Abendwind wehte. Neben der berühmten weißen Flagge mit den blauen Streifen und dem *Magen David* sah ich die holländische rot-weiß-blaue Fahne wehen. Ich war gerührt.

Ich wurde im Norden Israels geboren, in der *moschava* Karkur, einer kleinen landwirtschaftlichen Gemeinschaft mit 3000 Mitgliedern. In einer *moschava* ist jeder unabhängig und bearbeitet sein Stück Land, wie er will — im Gegensatz zum *moschav,* der eine andere Struktur hat. Dort ist man nicht so frei, alles ist organisierter. Man gehört dort zu einer bestimmten Kooperative. Wir aber lebten unabhängig und konnten, wenn wir wollten, auch außerhalb der *moschava* arbeiten; wir mußten uns nicht der Landwirtschaft widmen.

Mein Vater wurde in Deutschland geboren, in Dortmund. Er verlor seinen Vater, als er noch ein Baby war. Die Mutter meines Vaters war eine reiche Frau, die nach ihren eigenen Worten »nicht in der Wüste leben wollte« und deshalb mit ihrem Sohn nicht nach Israel auswanderte. Die Nazis töteten sie während des Krieges. Das machte meinen Vater bitter. Nicht gleich, aber mit der Zeit.

Mein Vater kam 1938 nach Israel. Er war einer der Gründer des Kibbuz Beit Ha Arava bei Qumran. Als das Land 1948 aufgeteilt wurde, bekamen die Jordanier den Kibbuz, und mein Vater zog nach Tel Aviv. Meine Mutter ist eine *sabra.* Sie wurde in Peta Tikva geboren. Ihr Vater kam aus Jerusalem, ihre Mutter aus

Hebron. Die Familie ihrer Mutter lebte seit zehn Generationen in Israel, was sehr ungewöhnlich ist. Wir haben tiefe Wurzeln in diesem Land, die noch bis in die Zeit vor der Staatsgründung hineinreichen.

Einige Tage vor meiner Geburt hatte mein Vater einen Nervenzusammenbruch und konnte nicht mehr für seine Familie sorgen. Er wurde immer noch nicht mit dem Tod seines Vaters und seiner Mutter fertig und mußte in eine psychiatrische Klinik eingeliefert werden, wo er noch heute ist. Ich wuchs also in einer Familie ohne Vater auf.

Als ich achtzehn war, mußte ich wie jeder andere Israeli meinen Militärdienst leisten. Ich verließ die gewohnte Umgebung meines Dorfes und landete in einer völlig anderen Welt. Ich mochte die Atmosphäre in der Armee nicht und war froh, als ich nach dreieinhalb Jahren gehen konnte.

Ich zog mit meiner Freundin nach Jerusalem, aber das lief nicht so gut. Wir hatten so verschiedene Ansichten über allerlei. Meine Freundin fand, daß ich auf die Universität gehen sollte, aber ich wollte alles selbst herausfinden. So trennten wir uns.

Ich überließ meiner Freundin die Wohnung und zog in einen anderen Teil Jerusalems. Ich hatte alle möglichen Jobs, auch wenn sie nicht zu mir paßten.

Eines Tages bekam ich eine Stelle im Aufnahmezentrum in Jerusalem, in dem alle neuen Einwanderer für begrenzte Zeit wohnen können. Diese Arbeit gefiel mir. Ich half den Einwanderern, die nichts von unserem Land und seiner Sprache wußten.

Im Aufnahmezentrum lernte ich eine Frau aus Südamerika kennen. Sie konnte nicht beweisen, daß sie Jüdin war, und ihr Fall mußte erst untersucht werden, bevor sie aufgenommen werden konnte.

Zu dieser Zeit brach der Krieg im Libanon aus. Dreimal mußte ich mitten in den Libanon. Jeden Tag trauerten wir um mehr gefallene Soldaten. Außerdem befanden wir uns in einer Wirtschaftskrise mit einer Inflation von tausend Prozent.

Es war eine Zeit voller Spannung und mit wenig Hoffnung auf Besserung. Ich fühlte mich so unter Druck, daß ich beschloß, das Land für einige Zeit zu verlassen. Ich wußte nicht, für wie lange.

Zuerst verbrachte ich sieben Monate in Spanien. Aber als ich hörte, daß unsere Armee sich aus dem Libanon zurückgezogen hatte und alles wieder normal lief, kam ich zurück nach Israel.

Ich fand Arbeit als Verkäufer bei den Arabern in Judäa und Samaria und verstand mich gut mit ihnen. Ich nahm Kontakt zu meiner südamerikanischen Freundin und ihren drei Kindern auf, und wir arbeiteten zusammen in den besetzten Gebieten und gewannen viele Freunde. Einige waren Christen, andere Moslems, aber das war uns egal, denn wir kamen mit allen sehr gut zurecht. Natürlich nur, bis die Unterhaltung sich um Religion oder Politik drehte und dann zum Streit führte.

Heute würden sie mich wegen der *Intifada* nicht mehr so akzeptieren. Sobald diese begann, wurden die Läden geschlossen, und die Spannung wuchs. Wir konnten keine Geschäfte mehr machen. Wir konnten kein Geld mehr verdienen.

Meine Freundin fand eine Stelle in einem Krankenhaus. Wir zogen zusammen, aber es belastet mich immer noch, daß wir ihren drei Kindern so ein schlechtes Beispiel gaben.

Im Krankenhaus lernte meine Freundin eine arabische Gläubige aus Nazareth kennen. Sie gab ihr ein spanisches Neues Testament mit dem hebräischen Text neben dem spanischen. Es war ein kleines grünes Buch. Einmal besuchte ich sie im Krankenhaus und sah das kleine grüne Buch dort liegen. Ich hatte noch nie ein Neues Testament aufgeschlagen. Wir hatten einmal amerikanische Nachbarn, die sich messianische Juden nannten, aber damals wußte ich nicht, was das war. Sie hatten uns einmal eingeladen, um über das Heilige Land und das Leben von Yeshua zu reden. Sie wollten mir auch ein Neues Testament geben, aber ich nahm es nicht an.

Nun begegnete mir dieses Buch also wieder, und etwas berührte mein Herz, so daß ich plötzlich wissen wollte, was darin stand. Ich hatte einen Kurs über das Hotelfach belegt und mußte dafür über den Judaismus, das Christentum und den Islam Bescheid wissen. Wir studierten Tourismus im allgemeinen und im besonderen Israel. Wir sollten in der Lage sein, jedem zusätzliche Informationen über das Heilige Land und die verschiedenen Religionen zu geben, der zur Hotelrezeption kam.

Ein Lehrer war selbst Fremdenführer, und er nahm uns in die Altstadt mit. Er führte uns an einer Moschee vorbei und erzählte vom Islam. Aber er fügte nicht hinzu: »Paßt mit den Moslems auf« oder »Der Islam ist gefährlich«. Als er uns aber zur Kirche des Heiligen Grabes führte und uns jeden Schritt auf dem Kreuzweg erklärte, warnte er uns: »Glaubt den Chri-

sten nicht, das ist nichts für euch, das ist gefährlich.«
Das machte mich sehr neugierig. Warum sprach er nur
übers Christentum so?

Ich hatte keine Probleme mit dem Judentum. Ich
kam nicht aus einer religiösen Familie, aber wir kannten zu Hause die jüdische Tradition, auch wenn ich
keine *kippa* trug und nicht in die Synagoge ging. Ich
las den *siddur* fast nie. Ich fand es nicht nötig, meinen Glauben zu zeigen; Glaube war tief im Menschen drinnen, und man mußte selbst darüber ent-
scheiden.

Nun aber fing ich an, an dem zu zweifeln, was der
Lehrer über das Christentum gesagt hatte. Vielleicht
war nicht alles richtig, was er in der Kirche in der Altstadt gesagt hatte. Das mußte ich selbst herausfinden.
Am nächsten Tag ging ich wieder in die Altstadt, ging
zur Kirche des Heiligen Grabes und nahm mir einen
arabischen Führer. Ich bat ihn: »Führen Sie mich
herum?« Er führte mich herum und sagte an jeder
Stelle die selben Dinge, die mein jüdischer Führer gesagt hatte — außer der Warnung »Glauben Sie es
nicht« oder »Seien Sie vorsichtig«.

Und jetzt lag das kleine grüne Buch im Krankenhaus, wo meine Freundin arbeitete. Ich schlug Matthäus 1,1 auf und begann zu lesen. Als ich über Yeshua
las, wie sein Leben begann und wie er aufwuchs, hatte
ich wieder den Wunsch, mit seiner Person in Kontakt
zu kommen.

Ich betrachtete ihn nicht als Gottes Sohn, sondern als Menschen. Er hatte eine Mutter wie jeder andere Mensch. Ich konnte nicht glauben, daß Maria
eine Jungfrau gewesen war.

Nun entdeckte ich auch einen Unterschied zwischen dem, was mein Lehrer gesagt hatte und dem, was das Neue Testament lehrte: und zwar das Geburtsdatum Yeshuas. Er hatte gesagt, daß Herodes gestorben war, bevor Yeshua geboren wurde. In Matthäus stand aber, daß Yeshua nach Ägypten ging und dort einige Jahre lebte, bis Herodes gestorben war.

Das wollte ich meinem Lehrer zeigen. Am nächsten Tag nahm ich das Neue Testament mit in den Unterricht und schlug es vor den Augen meines Lehrers und der ganzen Klasse auf. Alle waren entsetzt! Ich konnte nicht glauben, daß ich etwas Falsches getan hatte. Wir hatten Texte auf der Grundlage von Flavius Josephus gelesen, die eine genaue Beschreibung derselben Zeit gaben, warum also sollte man nicht parallel dazu das Neue Testament lesen?

Mein Lehrer war entsetzt und wollte das Neue Testament noch nicht einmal anfassen, deshalb las ich die Stelle über Yeshuas Geburt selbst vor. Der Lehrer wollte davon nichts wissen. »Die können schreiben, was sie wollen. Es interessiert mich nicht.« Ich dachte: »Er sagt, daß er sich immer auf Fakten und Wissen stützt, aber er bestreitet die Fakten, wie es ihm paßt.« Deshalb schloß ich das kleine Buch und steckte es wieder in die Tasche. Die Stunde ging ohne Diskussion weiter.

Ich liebte mein Land, denn es war das einzige Vaterland, das ich hatte, aber ich wollte von allem Abstand gewinnen und Neues lernen. Ich sagte zu meiner Freundin: »Wir gehen nach Norwegen und arbeiten in der Fischindustrie. Dort verdienen wir viel Geld und machen dann ein kleines Hotel in Spanien auf.« Deshalb hatte ich natürlich diesen Kurs belegt.

Wir flogen von Tel Aviv nach Amsterdam und wollten von dort mit dem Zug nach Norwegen fahren. In Amsterdam kamen wir genau zum Wochenende an und stellten fest, daß wir den Sabbat unterwegs feiern mußten, wenn wir gleich einen Zug nahmen. Deshalb besorgten wir uns einen Schlafplatz in einer Herberge und schauten uns um.

Zuerst einmal waren wir von der Offenheit der Holländer beeindruckt. Wir dachten: »Hier sind wir in einer völlig anderen Welt gelandet.« In mancher Hinsicht ist das sehr schlecht, in anderer aber auch gut.

Zum Beispiel sahen wir, wie auf der Straße Drogen genommen wurden. Uns wurden offen Drogen angeboten, und die Polizei schaute zu und machte nichts dagegen.

Wir blieben drei Tage in Amsterdam und verglichen alles, was wir sahen mit dem Leben im Nahen Osten. Als wir zum Beispiel in ein Reisebüro gingen, um die Zugfahrt nach Norwegen zu organisieren, war die Angestellte sehr nett zu uns. Sie schenkte uns ihre volle Aufmerksamkeit. Wir nahmen alles in uns auf.

Ich stand an der Bushaltestelle und sah, daß der Bus nahe heranfuhr, damit die Leute leichter einsteigen konnten. Ich registrierte das wie Tausende anderer Kleinigkeiten.

Dann stiegen wir in den Nordexpress und fuhren durch Deutschland, Dänemark, Schweden und Norwegen.

An der deutschen Grenze wurden unsere Pässe kontrolliert. Der deutsche Zollbeamte kam in unser

Abteil, sagte nichts, weder »Guten Abend« noch sonst etwas, und streckte nur die Hand aus. Er hatte eine grüne Uniform, während die Holländer blaue Uniformen haben wie in Israel. Uns war nicht wohl zumute.

In Dänemark waren alle sehr nett zu uns. Sie fragten, was wir machen wollten und so weiter. In Schweden war es etwas schwieriger, aber in Norwegen hatten wir wieder das Gefühl echter Freiheit. Es war sogar problemlos, die Grenze zu überqueren — denn es gab gar keine Kontrollen. Hier war eine schwedische Flagge, dort eine norwegische, das war alles. Man betritt einfach eine andere Welt.

Eine Woche lang suchte ich Arbeit, aber es gab keine. Man sagte uns, daß das Meer zu sehr ausgebeutet worden sei und daß es der Fischindustrie schlecht gehe. Und das Leben in Norwegen ist sehr teuer. Wir sahen, wie unsere Ersparnisse vor unseren Augen schmolzen und stellten fest: »Wenn das so weiter geht, sind wir bald pleite.«

Bevor es so weit kam, wollten wir lieber nach Holland zurückkehren und dort Arbeit suchen. Glücklicherweise lernten wir dort jemanden aus Südamerika kennen, der uns zu sich einlud, damit wir nicht mehr in der Herberge wohnen mußten. Und ... ich fand Arbeit in einer Fischfabrik. Die Arbeit war schwer, aber immerhin konnten wir recht lange Zeit in Holland bleiben.

Mit der Zeit wuchs die Spannung zwischen mir und meiner Freundin und den beiden Kindern, die wir mitgenommen hatten — ein Kind war bei der Großmutter in Israel geblieben. Die Reise in den Norden Europas hatte uns beide sehr verändert, und dadurch war unsere Beziehung eine andere geworden. Ich dachte: »Ich muß jetzt an mich denken, und das heißt, daß wir uns trennen müssen.«

Bevor das geschah, fuhren wir zusammen zu einem Dorf in Overijssel, das an einem Kanal entlang gebaut ist. An einem Sonntagmorgen gingen wir eine Häuserreihe entlang, und meine Freundin weinte. Dann hörten wir ein Singen — für mich hörte es sich an, als werde ich gerufen. Ich wußte nichts über Gottesdienste. Ich war in vielen Kirchen gewesen, aber nie während eines Gottesdienstes. Ich fragte meine Freundin: »Hörst du den Gesang auch?«, und sie sagte: »Ja.«

Wir sahen, wo er herkam: aus einem kleinen weißen Gebäude. Es schien zu klein, um wirklich eine Kirche zu sein. Wir gingen hin und öffneten die Tür. Das kleine Gebäude war voll, und der Gottesdienst hatte schon angefangen.

Der Prediger, der vorne stand, war schockiert, als wir eintraten, weil sonst nie jemand mitten im Gottesdienst hereinkam. Ich dachte: »Vielleicht sieht er an meiner Hautfarbe, daß ich nicht von hier bin, und verzeiht mein Benehmen.«

In der letzten Reihe saß eine freundliche alte Dame, die uns zuwinkte und jedem ein kleines schwarzes Buch gab, was ich typisch holländisch fand. Mit dem Finger deutete sie auf jedes Lied, das gesungen wurde. »Psalme und Hymnen« stand auf dem kleinen Buch.

Ich verstand kein Holländisch, aber als ich durch das Büchlein blätterte, sah ich bekannte Worte: »Psalme des Königs David«, und fühlte mich zu

Hause. Es war etwas Besonderes, diese holländischen Dorfbewohner über David, Jerusalem und Israel singen zu hören.

Nach dem Gottesdienst gingen wir am Kanal entlang zurück, als ein Auto neben uns anhielt. Es war der Prediger der Christlichen Reformierten Kirche, die wir gerade besucht hatten. Er fragte uns, wo wir herkamen, und staunte, daß wir aus Jerusalem waren. Er sagte, wir seien in seiner Kirche immer willkommen.

Ich ging noch öfter hin, aber meine Freundin wollte nicht regelmäßig mit mir zur Kirche gehen. Die Leute aus der Gemeinde holten mich sonntags mit dem Auto ab und nahmen mich in die Kirche mit.

Ich wollte die Sprache des Mannes auf der Straße lernen. Mit denen, die studiert hatten, konnte ich Englisch sprechen, aber ich wollte mich mit den einfachen Holländern unterhalten. Deshalb ging ich in die Kirche und lernte Holländisch.

Jeden Sonntag verstand ich ein bißchen mehr von der Predigt. Ich schaute dem Prediger genau auf die Lippen und versuchte, einige Worte genau wie er zu sagen. Und nach einigen Wochen konnte ich mich schon mit ein paar Worten an einem Gespräch beteiligen.

Einmal fragte ich den Prediger: »Warum lesen Sie jeden Sonntag die Zehn Gebote, von denen eines sagt, daß wir den *Sabbat* heiligen sollen, und Sie heiligen den Sonntag?« Er erklärte mir, daß die Leute in der Kirche sich streng an bestimmte Regeln hielten und nicht davon abrückten. Das verstand ich, aber ich stellte noch viele andere Fragen. Außerdem durften wir nicht am Abendmahl teilnehmen. Ich merkte, daß Fragen nicht erwünscht waren, auch wenn man sein ganzes Leben in der Kirche verbracht hatte, sonst wurde man vom Abendmahl ausgeschlossen. Aber die Leute waren sehr freundlich zu uns, und wir fühlten uns wohl, dafür bin ich sehr dankbar. Gott wird sie dafür segnen.

Dann zogen wir nach Südholland, und die Gemeinde von Overijssel rief die dortige Gemeinde an, damit uns jemand besuchen konnte. Es war sehr schön, daß sich jemand um uns kümmerte. Die Holländer sind sehr freundlich.

Auch am neuen Wohnort ging ich jeden Sonntag in die Kirche. Noch nie im Leben hatte die Religion mich so beschäftigt. Ich glaubte nicht, daß Yeshua der Sohn Gottes war, aber ich fand es bemerkenswert, daß alle diese Menschen treu jeden Sonntag in die Kirche gingen, um etwas von Yeshua zu hören, der ein Jude war.

Die Spannung zwischen meiner Freundin und mir eskalierte, und wir trennten uns. Später ging meine Freundin mit ihren beiden Kindern zurück nach Israel, und ich reiste weitere 200 Kilometer nach Süd-Limburg.

Dort ging ich auch in die Kirche. Aber das war eine andere Kirche mit einem großen Kreuz auf dem Dach. Als ich eintrat, sah ich eine Statue und ein weiteres großes Kreuz an der Wand. Damit kam ich nicht so gut zurecht.

Rosch Haschana kam näher, und ich entdeckte, daß in Maastricht eine Synagoge war. Ich ging hin, fühlte mich aber geistlich nicht zu Hause. Der Rabbi war ziemlich nervös. Er rannte hin und her, weil es nicht genügend Bücher für alle Anwesenden gab. Ich dachte: »Das ist nicht der richtige Platz für mich.«

In der Kirche fühlte ich mich aber auch nicht wohl, besonders nicht in der mit dem großen Kreuz an der Wand. Deshalb blieb ich einige Wochen im Haus und verließ es nur, um Einkäufe zu erledigen. Ich beschäftigte mich mit dem holländischen Wörterbuch und sprach bald viel besser. Aber ich sehnte mich nach Menschen und fühlte mich einsam.

Ich schrieb also Briefe an meine Mutter in Israel. Ich erzählte ihr von meinem Kampf, daß ich kein Soldat in Judäa und Samaria sein wollte, wo ich meinen Lebensunterhalt verdient hatte. Ich könnte vielleicht Freunde treffen, mit denen ich früher Geschäfte gemacht hatte, und ich würde eine Uniform und eine Waffe tragen. Ich sagte mir: »Die Menschen hier im Norden lieben ihr Land genau wie ich, aber sie sind offen genug, um mich als Juden zu akzeptieren, obwohl sie Christen sind. So sollten wir mit den Arabern zusammenleben.«

Aber heute zeigen die Araber ein ganz anderes Gesicht, und ich kann mich nicht mehr wie früher frei in ihren Dörfern bewegen.

Als ich am *Sabbat* allein zu Hause war, zündete ich die Kerzen an und las in meiner Bibel. Ich begann, diesem Wort immer mehr zu glauben. Es war die Wahrheit. Gott hatte sie mir offenbart.

Dann kam *Passa*, das Fest der Befreiung der Juden aus Ägypten und allen anderen Ländern. Ich spürte, daß es für mich wichtig war, nach Hause zurückzukehren, auch wenn ich kein Sklave war wie die

Juden in Ägypten. Da ich aber nicht zu schnell in Israel ankommen wollte, nahm ich zuerst den Bus nach Griechenland. Ich reiste wieder durch Deutschland und spürte diese gefährliche Atmosphäre, wie beim ersten Mal.

Danach reiste ich durch Jugoslawien und von dort nach Griechenland. Dort fand ich ein Schiff, das fünf Tage später nach Haifa auslaufen sollte. In der Zwischenzeit ließ ich mich gehen. Ich wollte keine Besichtigungen unternehmen, weil in mir dieser geistliche Kampf tobte. Ich wußte nicht, wie ich mit dem, was ich erlebt hatte, am besten umgehen sollte.

Am Tag der Abreise sah ich am Hafeneingang einen kleinen Mann mit dunklem Gesicht und schwarzen Haaren, und ich fragte ihn auf Englisch: »Wo kommen Sie her?«

In gebrochenem Englisch antwortete er: »Ich komme aus Peru in Südamerika.«

Ich sagte ihm, daß er mit mir Spanisch sprechen könnte. Durch meine Arbeit im Aufnahmezentrum und die Jahre mit meiner südamerikanischen Freundin hatte ich es gelernt, gut Spanisch zu sprechen.

Er war froh, daß er jemanden gefunden hatte, der seine Sprache sprach, und er fragte mich, wo ich hinwolle. Als er hörte, daß ich das Schiff nach Haifa nehmen wollte, war er noch glücklicher, denn auch er würde auf diesem Schiff reisen, und nun konnte er während der ganzen Reise Spanisch sprechen.

Unterwegs fragte er mich vieles über Israel, und ich brachte ihm ein hebräisches Lied bei, *»Kol haolam kulo gescher tsar meod«*. Als wir drei Tage später in Haifa ankamen, konnte er das Lied schon gut singen.

Er wollte zu einer Kirche in Jerusalem. Da ich alle Kirchen dort kannte, fragte ich ihn, zu welcher Kirche er wolle. Aber er hatte nur eine Telefonnummer. Ich dachte: »Das ist riskant. Wenn die Nummer nun nicht stimmt? Dann bist du verloren«, denn er hatte keinen einzigen Namen, an den er sich wenden konnte.

Gemeinsam fuhren wir nach Jerusalem, und er kam mit mir nach Hause zu meiner Mutter. Wir aßen gemeinsam, und dann sagte ich: »Versuchen Sie anzurufen, ob sich jemand meldet.« Er rief an und hatte die südamerikanische Gemeinde am Apparat, die ihn gleich einlud. Er dankte mir und ging. Ich aber notierte mir die Nummer für spätere Kontakte. Ich suchte eine Stelle, aber das war schwierig, denn zu der Zeit gab es in Israel viele Arbeitslose.

Dann passierte der Terroranschlag auf den Bus 405 auf der Straße von Tel Aviv nach Jerusalem. Einige Menschen starben, viele wurden verletzt. Ich dachte: »Unter ihnen waren spanische Touristen. Ich werde sie im Krankenhaus besuchen.«

Ich ging zum Hadassa-Krankenhaus und redete mit einem spanischen Mädchen aus Katalanien. Sie fragte, ob ich wiederkäme.

In den Tagen rief mich auch mein Freund aus Peru an, und als ich ihm von dem spanischen Mädchen erzählte, bat mich sein Pastor Jaime Buertas, mit ins Krankenhaus kommen zu dürfen. Wir verabredeten uns für neun Uhr am Krankenhauseingang.

Als ich ankam, schaute er mich an und sagte: »Sie haben viel Licht im Gesicht, wissen Sie das?« Wir besuchten das Mädchen, und als wir uns verabschiedeten, sagte Jaime: »Wir wollen auch beten.« Das war mir nicht neu, denn ich war es gewöhnt, daß die Holländer vor dem Essen beteten.

Gemeinsam gingen wir zum Bus. Zu der Zeit war ich noch voller Fragen über Gott und das Neue Testament. Ich hatte auch eine Bibel in der Tasche. Aus irgendeinem Grund vertraute ich Jaime. Ich schlug im Bus die Bibel auf und stellte ihm einige Fragen, und er gab mir sehr weise Antworten. Er sagte: »Laß uns über Immanuel sprechen«, und er zeigte mir viele Bibelstellen, die bewiesen, daß der Messias schon vor langer Zeit gekommen war.

Er ließ mich Stellen über den leidenden Immanuel lesen. Er sagte, daß er eine Manifestation Gottes war. Ich wußte genau, worüber er sprach, denn ich hatte ja das Neue Testament gelesen, aber das sagte ich ihm nicht. Während wir im Bus durch Jerusalem fuhren, lehrte mich Jaime Buertas einiges über Immanuel.

Aber ich hatte noch immer so viele Fragen. Alle Teilchen des Puzzles, die ich gehört hatte oder selbst glaubte, mußten zusammengesetzt werden. Jaime zeigte mir die Bibelstellen, und das Bild wurde viel klarer für mich.

Er lud mich zum Essen ein, und ich nahm an.

Wir stiegen in den Bus zur Neve Ja'acov, wo er wohnte, und redeten drei weitere Stunden über Gott. Ich hungerte und dürstete nach Informationen über Gott.

Zu einem bestimmten Zeitpunkt fragte er mich: »Glaubst du, daß der Immanuel im Alten Testament derselbe ist wie Yeshua im Neuen Testament und daß er auch dein Retter ist?«

Rasch wiederholte ich die Frage für mich.

»Eli, glaubst du, daß er dein Heiland ist?«

In meinem Kopf echote die Frage, und ich sagte zu mir selbst: »Eli, das ist so klar, daß du nicht nein sagen kannst.«

Nach einer für mich unendlich langen Pause sagte ich sehr bestimmt: »Ja!«

Als ich das gesagt hatte, begannen alle im Zimmer zu tanzen. Ich spürte eine große Freude. Alle Anwesenden spürten dieselbe Freude.

Ich glaube, daß Gott mich Spanisch lernen ließ, damit ich diese Botschaft auf Spanisch hören konnte. Obwohl ich in Sünde gelebt hatte, als ich Spanisch lernte, hat Gott das Schlechte für das Gute gebraucht. Das macht er immer. Gott hat die spanische Sprache und die Liebe der Christen benutzt, um mein Herz für Yeshua zu öffnen. Jaime Buertas wurde mein persönlicher Seelsorger und ist es auch heute noch.

Ich suchte einen Ort, wo ich Gott loben konnte. Eines Tages ging ich durch die Narkisstraße mitten in Jerusalem und sah einen Mann, der wie jemand aussah, den ich in Südholland getroffen hatte. Ich dachte mir: »Warum sollte ich ihn nicht ansprechen?« So wandte ich mich an ihn und sagte: »Sie sehen genau aus wie ein Mann, den ich in Holland getroffen habe.«

Er erzählte, daß seine Vorfahren aus Holland gekommen waren, daß er aber nie selbst dagewesen sei. Ich fragte ihn, was er mache, und er erzählte mir, daß er Ältester in der Baptistengemeinde war. Da er mich nicht dorthin einlud, fragte ich: »Kann ich da auch hinkommen?«

Er antwortete: »Ja, wir treffen uns jeden *Sabbat* morgens um 10.30 Uhr.«

Ich ging hin und gehe auch heute noch in diese Kirche. Manchmal übernehme ich die Lesung auf hebräisch, und ich organisiere Mitfahrgelegenheiten für die Gemeindemitglieder, weil am *Sabbat* keine öffentlichen Verkehrsmittel fahren.

Ich bin am geistlichen Leben in Jerusalem sehr beteiligt. Meine Vision ist, ein großes Haus in Jerusalem aufzumachen, wo Menschen aller Nationen und aller Religionen willkommen sind, eine Art Herberge. Ich weiß, was es bedeutet, allein in einer fremden Stadt zu leben, und ich will einen Ort der Wärme schaffen, wo Menschen sich wohlfühlen.

Ich bin noch nicht verheiratet. Nur Gott kann mir die richtige Frau geben. Viele junge Leute, auch Gläubige, haben es zu eilig, einen Partner zu finden, und dann haben sie alle möglichen Probleme. Ich warte auf Gottes Zeitpunkt.

Das gilt auch für die messianischen Juden. Auch wir müssen mit der Geschwindigkeit wachsen, die Gott für uns will. Bei uns geht das langsamer als bei den Gläubigen anderer Völker. Wir müssen uns immer mit der grundlegenden Frage beschäftigen: »Wie können wir das Wesen Gottes und das Wesen Yeshuas vereinen?« Seit kurzem warten mehr orthodoxe Juden auf das Kommen des Messias. Einige halten es für möglich, daß Yeshua der Messias ist. Sie können das nicht offen sagen, aber der Gedanke lebt unter ihnen.

In der Zukunft werden noch mehr Juden zum Glauben kommen. Das ist meine Hoffnung und mein Gebet.

7.

Michael,
der *Yeschiva*-Student

Zum ersten Mal traf ich den fünfundzwanzigjähri-
gen Michael Guberman beim hebräischen Gottesdienst in der Christuskirche in der Altstadt. Man geht
durch das Jaffator, an der Zitadelle und dem David-
sturm vorbei, und dann sieht man links ein Café,
einen Buchladen und das Tor einer Herberge. Dahin-
ter liegt die Christuskirche.

Seit 1849 ist diese Kirche besonders mit den Juden verbunden. In den Buntglasfenstern, auf dem
Abendmahlstisch und auf einer großen Platte hinten
an der Wand findet man jüdische Symbole und hebräische Buchstaben.

Die Gründer dieser Kirche haben Römer 1,16
ernst genommen, wo es heißt: »Denn ich schäme mich
des Evangeliums nicht; denn es ist eine Kraft Gottes,
die selig macht alle, die daran glauben, die Juden zuerst und ebenso die Griechen.« Diese Gründer sahen
schon zur Zeit der Türken, daß Gott das jüdische Volk
wieder in sein Land bringen würde.

Am Sabbat kommen viele messianische Juden
hier zusammen, um Gott zu loben und sein Wort zu
hören.

Michael übersetzte Ruben Bergers Predigt für die englischsprachigen Zuhörer. Seine Verlobte Beatrice saß neben ihm, und während der Lieder schauten sie sich immer wieder verliebt an und flüsterten einander manchmal etwas ins Ohr. Man kann sich nur schwer vorstellen, daß das derselbe junge Mann ist, der in der *Yeschiva* im schwarzen Anzug studierte.

Ich wurde in New York geboren. Als ich zehn Jahre alt war, zogen wir in den Süden der Vereinigten Staaten, nach Virginia.

Meine Eltern sind Juden, aber wir hielten unsere religiösen Traditionen nicht ein. An *Chanukka* zündeten wir die Kerzen an und hielten auch einige andere Feiertage — das besondere Passamahl und Ähnliches. Meine jüdische Erziehung bestand eigentlich nur aus den Regeln: »Sei stolz, daß du ein Jude bist, gedenke deiner Familie, die während des Holocausts umkam, heirate keine Heidin, und laß dich nicht mit dem Neuen Testament und Yeshua ein, weil die Christen ständig probieren, uns auf irgendeine Weise unsere jüdische Identität zu rauben.«

In der Stadt, in der wir wohnten, gab es keinen einzigen Juden außer uns. Ich wuchs auf, ohne eine Ahnung davon zu haben, was meine Religion ausmachte. Die meisten jüdischen Kinder bekommen noch eine Art religiöser Unterweisung, wenn sie sich auf die *Bar Mizwa* vorbereiten, aber auch diese bekamen wir nicht. Meine Kindheit war nicht immer leicht, weil es zu Hause viele Spannungen gab. Mein Hunger nach geistlichen Dingen wurde nicht gestillt. Deshalb ging ich oft alleine in die Natur.

Virginia hat eine sehr schöne Natur. Ich hatte nicht viele Freunde, deshalb verbrachte ich viel Zeit allein im Wald und im offenen Feld. Ich spürte etwas von Gottes Anwesenheit in der Natur. Das verstand ich damals nicht, aber heute weiß ich, daß mich etwas Besonderes umgab.

Ich hatte einen guten Freund, der zum Glauben an Yeshua kam. Er war kein Jude. Unsere Gegend wurde »Bibelgürtel« genannt, weil es dort so viele Kirchen und Gläubige gab. Mein Freund war arm. Das Haus, in dem er mit seinen fünfzehn Geschwistern lebte, war bloß ein Stall ohne fließendes Wasser oder Strom.

Er wurde wirklich begeistert vom Herrn und sprach auch mit mir über seinen Glauben. Ich dachte: »Du bist ein armer Junge und hast nichts auf der Welt.« Aber ich sah auch, wie gewaltig sich sein Leben veränderte. Das beeindruckte mich sehr. Dazu machte er auch einen sehr glücklichen Eindruck. Als Vierzehnjähriger war ich sehr unglücklich und sehnte mich tief im Herzen nach dem, was er hatte: Freude und Hoffnung.

Mein Freund wollte, daß ich das Neue Testament las. Zuerst sagte ich: »Nein, das kann ich nicht. Als Jude ist mir das verboten. Für dich mag das richtig sein, aber nicht für mich.« Ich hatte noch nie in der Bibel gelesen, noch nicht einmal im Alten Testament.

Mein Freund sagte: »Das stimmt nicht. Du willst ein Intellektueller sein und liest alle möglichen schwierigen Bücher — nur das Neue Testament rührst du nicht an. Wie kannst du über etwas urteilen, was du nicht gelesen hast? Du hast wahrscheinlich Angst vor dem, was du entdecken wirst.«

Damit hatte er mich überredet, und so ging ich in die Schulbibliothek, dahin, wo die Bibeln standen. Das war für mich verbotenes Gelände, und ich ging einige Male den Gang entlang. Als ich sicher war, daß mich keiner sah, nahm ich eine Bibel, lieh sie aus und brachte sie unter meinem Mantel versteckt nach Hause. Meine Mutter durfte nicht wissen, was ich tat.

In meinem Zimmer schlug ich das Neue Testament auf. Ich hatte erwartet zu lesen, wie schlecht die Juden seien, daß sie Yeshua ermordet hatten und daß sie verflucht seien. Vielleicht würden da auch nette Sachen stehen wie »die andere Wange hinhalten«. Aber was daran gut war, würde aus dem Alten Testament kommen. Ich hatte nicht erwartet, dort etwas zu finden, was mich persönlich ansprach.

Ich schlug das Neue Testament auf und staunte. Ich las ein Stück in Matthäus 5, der Bergpredigt. Ich las so etwas wie: »Du bist selig, wenn du keinen Vater und keine Mutter hast, denn der Herr ist dein Vater und deine Mutter.« Das sprach mich so an, daß mein Mund vor Staunen offenstand. Ich hatte überhaupt nicht erwartet, so etwas zu finden. Das berührte mich so, daß ich zu weinen begann. Damals fühlte ich mich besonders einsam, weil es in unserer Familie nicht viel Wärme gab. Deshalb sprach mich der Text so an.

Seitdem habe ich oft versucht, diese Stelle wiederzufinden, aber seltsamerweise steht sie nicht in der Bibel. Da steht »Selig sind ...« diese und jene, aber es gibt keine spezielle Seligpreisung für Waisen.

Erst nach Jahren stellte ich fest, daß Gottes Wort lebendig ist. Es ist kein Stück Literatur, sondern etwas, wodurch der Heilige Geist uns persönlich ansprechen kann. Gott gab mir genau das Wort, das ich brauchte. Ich weinte und stellte plötzlich fest, daß es Gott wirklich gab. Ich war so froh, daß es ihn gab, daß er mir nahe und für mich da war, wenn ich niemand anderen auf der Welt hatte.

Ich lebte im Internat und ging in eine Baptistengemeinde. Leider hatte diese Kirche viele Probleme. Ich wußte nichts über das Christentum und die Kirche und darüber, daß es Unterschiede zwischen verschiedenen Kirchen gab. Bis zu einem gewissen Punkt akzeptierte ich den Herrn, aber mein Judentum beunruhigte mich noch etwas. In dieser Kirche wurde die Ersatzlehre gepredigt: daß die Kirche an Stelle des Volkes Israel getreten sei.

Man sagte mir, ich sei der erste Jude in dieser Kirche. »Sieh mal einer an«, sagten sie. »Wir haben einen Juden in der Kirche.« Aber zu mir sagten sie: »Du bist jetzt ein Christ und kein Jude mehr, und du mußt dich freuen, daß Gott dich von dem Fluch deiner Vorfahren befreit hat.« Damals war ich so offen, daß ich das akzeptierte! Ich dachte: »Das Neue Testament hat so etwas Wunderbares für mich getan, daß ich weitermachen will.«

Aber ich bemerkte noch etwas in der Kirche: Rassismus. Ich bemerkte, daß keine Schwarzen in die Kirche kamen. Als ich nach dem Grund fragte, bekam ich nur ausweichende Antworten. Da ich als jüdischer Junge selbst rassistischen Anfeindungen ausgesetzt war, konnte ich diese Haltung in der Kirche nicht akzeptieren.

Als Kind war ich einmal verprügelt worden, weil ich ein Jude war. Einmal hatte man uns die Fenster eingeschlagen und Parolen an die Mauer gemalt. Die Menschen hatten uns gezeigt, daß wir nicht willkommen waren, weil wir Juden waren und uns von den anderen unterschieden.

Ich hatte immer das Gefühl, daß ich zwei Fehler hatte: Ich kam aus New York, und ich war Jude. Besonders meine Eltern litten deswegen und fühlten sich nie ganz zu Hause. Als Kind hatte ich es da etwas leichter. Aber hier, in dieser Kirche, wurde ich wieder damit konfrontiert: Du bist ein Jude, du paßt hier nicht hinein. Wenn wir in der Sonntagsschule Geschichten aus dem Alten Testament lasen, fragten mich die Lehrer immer: »Habe ich das richtig gesagt?« Sie dachten, daß ich das Alte Testament auswendig kannte. Ich aber bekam das Gefühl, anders als die anderen zu sein.

Ich dachte: »Es gibt Gott, und er interessiert sich für mich, aber ich weiß nicht, wer er ist. Ich muß meine eigene Religion studieren.« Im Umkreis gab es aber keine Juden, deshalb erfuhr ich auch nichts Näheres. Ich verließ die Kirche und versuchte, meine Erlebnisse mit dem Christentum zu vergessen.

Als ich die Schule beendet hatte, brach der Krieg zwischen Israel und dem Libanon aus, und ich wollte nach Israel gehen und in der Armee kämpfen. Ich dachte: »Das ist meine Chance, den Sinn meines Lebens zu finden, unter meinesgleichen zu leben und Gott besser kennenzulernen.« Ich wußte gar nicht viel über Israel, hatte aber schon seit meiner Kindheit den Wunsch hinzugehen.

Ich kam an, wurde gleich israelischer Staatsbürger und meldete mich zur Armee. Ich konnte kein Hebräisch und ging ohne Vorbereitung dorthin. Ich traf auf eine seltsame Kultur.

Der Krieg im Libanon endete, und die anderen Soldaten sagten zu mir: »Du bist verrückt, Amerika zu verlassen und herzukommen. Wir versuchen alle auszuwandern, und du wanderst ein.« Ich bemerkte, daß es ein großer Fehler gewesen war, zur Armee zu gehen, und ich fühlte mich einsamer als zuvor. Aber ich wollte immer noch meine Wurzeln finden. In der Armee waren orthodoxe Juden, und ich interessierte mich für das, was sie von ihrem Glauben erzählten.

Zwei Jahre später verließ ich die Armee und besuchte einen Freund, der in der *Yeschiva* bei Tel Aviv studierte. Die *Yeschiva* schien fast so groß wie eine Stadt. Es war eine *Yeschiva*, wo auch Studenten ohne orthodoxen Hintergrund angenommen wurden. Man brachte ihnen alles von Grund auf bei.

Ich wollte dort nur zwei Wochen studieren und danach weiterziehen. Bei meiner Ankunft sagte ich gleich: »Ich bleibe nicht hier. Ich will nur zwei Wochen bleiben, und ich werde nicht orthodox.« Das führte dazu, daß alle Studenten und Rabbis es als ihre persönliche Mission ansahen, mich zur Orthodoxie zu bringen. Sie übten großen Druck auf mich aus und sagten: »Hier geht es um Wahrheit und Lüge. Das ist das Wichtigste in deinem Leben. Wie kannst du darauf nur zwei Wochen verwenden?« oder »Wenn du ehrlich bist, kalkulierst du wenigstens einen Monat hier ein.«

Ich hatte ein Ticket in die Vereinigten Staaten in der Tasche und sagte: »Ich muß in zwei Wochen zurück, sonst verfällt mein Ticket.« Sie sagten: »Dann tausch es doch um.« So verlängerte ich es um einen Monat und begann zu studieren.

Dann sagten sie: »Wenn du dein Ticket auslaufen läßt und ein Jahr bleibst, kaufen wir dir ein neues Tikket.« Ich fand das akzeptabel, und sie glaubten: »Wenn wir ihn ein Jahr hier haben, wird er bestimmt orthodox und wird nicht wieder weg wollen.«

Die Wahrheit ist, daß ich mein wertvolles Erlebnis mit Gott nicht vergessen konnte. Ich wußte, daß etwas in meinem Leben fehlte und daß ich keinen Frieden finden würde, wenn ich es nicht fand. Ich mußte mit Gott ins Reine kommen und auf irgendeine Weise anfangen, für ihn zu leben, oder ich würde nie mehr glücklich sein.

Ich war bereit, das orthodoxe Leben zu akzeptieren, wenn das meine jüdische Identität stärkte. Ich gab Herz und Seele daran. Ich investierte in dieses Studium alles, was ich hatte. Ich wurde streng orthodox und genoß mein Studium. Der *Talmud* und die rabbinischen Schriften waren für mich eine Herausforderung. Sie stimulierten meinen Geist, und ich verstand sie ziemlich gut.

Das Studium war befriedigend, und die Rabbis ermutigten mich. Mein Stolz wuchs. Ich befand mich schon auf der gleichen Ebene wie mein Freund, der schon ein Jahr länger in der *Yeschiva* studierte, und das machte mich auch stolz. Die Rabbis sprachen mir ihre Hochachtung aus, und das gefiel mir. Ich war ein besonders ernsthafter Student und verwendete alle meine Energie auf das Studium. Ich lernte Tag und Nacht bis zur Erschöpfung. Aber ich hatte noch keinen Frieden.

Manches im *Talmud* konnte ich nicht glauben. Die Reinheit und Schlichtheit der Bibel waren verloren. Die Bibel steht jedem offen. Jeder kann sie verstehen und an Gott glauben. Sie enthält keine Regeln, die man ein Leben lang studieren muß, um ihre Bedeutung zu verstehen.

Aber diese Eindrücke unterdrückte ich durch meinen Eifer. Ich wollte so gern in der Orthodoxie eine Antwort finden. Je unglücklicher ich wurde, desto mehr lernte ich. Manche verlassen die *Yeschiva*, wenn Zweifel in ihrem Herzen hervortreten. Andere tun das Gegenteil: Sie werden so fanatisch, daß sie die Zweifel durch ihr Studium begraben.

Ich wurde immer extremer in meiner Orthodoxie. Ich kleidete mich ganz schwarz mit schwarzem Hut. Ich folgte der litauischen Tradition, die die Gelehrsamkeit betont, im Gegensatz zur chassidischen Bewegung, die ethische und emotionale Erfahrungen hervorhebt.

Es wurde ein Teufelskreis. Ich geriet immer tiefer hinein, und das belastete mich — woraufhin ich mich noch mehr ins Studium vergrub.

Ich näherte mich dem Zusammenbruch. Ich schlief im Studierzimmer auf einer Bank und war der erste, der morgens betete. Ich begann um vier Uhr morgens, betete und studierte bis sieben Uhr, frühstückte rasch und lernte den ganzen Tag hindurch bis tief in die Nacht.

Ich bekam viel Lob und Anerkennung, aber das stellte mich nicht zufrieden. So ging es dreieinhalb Jahre. Dann bekam ich Besuch. Meine Eltern kamen aus den Vereinigten Staaten. Ich hatte den Gipfel meiner akademischen Bemühungen erreicht und erhielt den Titel »Rabbi«, was bewies, daß meine Studien einen bestimmten Punkt erreicht hatten.

Darauf war ich stolz, aber gleichzeitig kam mein fanatisches Streben zum Ende. Ich hatte mich selbst angetrieben und mich mit dem Gedanken gequält: »Es ist, als ob man ein kleines Vermögen auf die Bank bringt. Jetzt darf man keine Fragen stellen, weil man später die Zinsen bekommt.«

Da ich nun die *Yeschiva* bald verlassen würde, drängten mich die Rabbis zu heiraten, weil ich selbst bald ein Lehrer sein würde.

Ich hätte nun dankbar und zufrieden sein sollen, aber ich war es nicht. Ich hätte sicher sein sollen, aber ich war voller Fragen. Dadurch verlor ich die Motivation. Ich dachte an meinen Freund in Virginia. Er hatte Frieden und Freude gefunden, als er Christ wurde, ich aber befand mich in einem geistlichen Gefängnis. Ich wollte alles tun, um auch Frieden zu finden.

Von der *Yeschiva* aus suchte ich also heimlich Kontakt zu messianischen Juden. Ich wußte, daß es sie gab, weil die orthodoxen Juden sie verfolgten. Sie wollten, daß ich an einer Anti-Missions-Organisation teilnahm, die sich gegen die messianischen Juden richtete. Aber ich nahm nie teil, denn in meinem Herzen wußte ich, daß sie diejenigen waren, die recht hatten.

Mit den Informationen, die ich von dieser Organisation bekam, begann ich, Kontakte zu messianischen Juden zu knüpfen. Ich ging in einen Buchladen und kaufte ein Neues Testament und einige andere christliche Bücher und las sie heimlich. Langsam wurde Yeshua mir immer wichtiger.

Die Rabbis glaubten, daß mit mir etwas nicht in Ordnung war, weil ich noch nicht verheiratet war. Sie drängten mich zu heiraten. Ein Rabbi wollte eine Frau aussuchen und ein Treffen arrangieren. Sie dachten, daß die Tochter eines bekannten Rabbis zu mir passen würde.

Ort und Zeit für unser erstes Treffen waren verabredet. Mein Rabbi, ihr Rabbi und ihr Vater waren anwesend, und wir sprachen über alles mögliche und versuchten herauszufinden, ob wir zueinander paßten.

Wenn man mit der ausgewählten Person zufrieden ist, sagt man das dann seinem Rabbi, und er spricht dann mit ihrem Rabbi, und ein zweites Treffen folgt. Wenn man die Person nicht mag, wird der Kontakt abgebrochen, und ein neuer Kandidat wird ausgewählt. Wenn alles gut geht, folgt eine rasche Verlobung und dann die Heirat.

Ich wollte diese Frau nicht heiraten, denn ich würde dann für mein ganzes Leben der Orthodoxie verschrieben sein. Ich wußte, daß man nicht an Yeshua glauben und orthodox sein konnte. Das ist, als ob man den Schlüssel hat und trotzdem in der Zelle bleibt. Wir redeten über unsere Interessen, unseren Hintergrund, wo wir leben wollten und so weiter. Wir fühlten uns voneinander tatsächlich angezogen. Aber ich wußte, daß ich den Kontakt abbrechen mußte, auch wenn es schwierig sein würde.

Mein Leben zerbrach. Ich wurde depressiv und verlor das Interesse an meinen Studien. In der *Yeschiva* verstand man nicht, was mit mir los war. Sie beschlossen: »Wir schicken ihn zu einer anderen Schule, der *Yeschiva* in Jerusalem. Vielleicht tut ihm der Ortswechsel gut.«

Das fand ich gut, denn ich wußte, daß es in Jerusalem mehr Gläubige gab. Vielleicht könnte ich mit ihnen in Verbindung treten und sie um Rat bitten, wie ich aussteigen könne. Ich hatte nicht genug geistliche Energie, um von mir aus einen Schlußstrich zu ziehen.

In Jerusalem ging ich zum sogenannten Gartengrab, um zu beten und den Herrn zu suchen. Ich betete: »Herr, du mußt mir jetzt zeigen, wohin ich gehen soll und was ich machen soll, weil ich nicht weiter weiß. So kann es nicht weitergehen.« Danach fühlte ich mich ruhiger.

Ich verließ den Garten und ging durch die Altstadt, um den Bus am Jaffator zu bekommen. Und am Jaffator sah ich die Kirche: die Christuskirche. Natürlich war ich schon oft hier gewesen, denn die Kirche lag auf dem Weg zum jüdischen Viertel der Altstadt. Aber ich hatte nie auf sie geachtet, obwohl ich eine Kirche im arabischen Viertel seltsam fand.

Auf dem Schild am Zaun stand: »Älteste Anglikanische Kirche im Nahen Osten«, aber Kirchen hatten mich nie interessiert. Ich fand sie einschüchternd und groß, und ich wußte, daß Juden dort nicht gern gesehen waren. Auch Kathedralen mochte ich nicht. Ich machte immer einen Bogen um sie. Aber diese Kirche zog mich an.

Ich trat ein. Ein israelisches Mädchen aus einem Kibbuz stand am Eingang. Sie war gläubig. Ich sprach mit ihr. Zuerst war ich erstaunt, ein israelisches Mädchen in einem arabischen Viertel zu sehen, und noch dazu eines, das an Yeshua glaubte! Ich spürte, daß sie es ehrlich mit dem Glauben meinte, und ich erzählte ihr von meinen Problemen. Sie stellte mich anderen Leuten in der Christuskirche vor.

Ich traf auch einen jungen Mann, den ich aus meiner Armeezeit kannte. Wenn ich Ausgang hatte, war ich zu seiner Wohnung in Haifa gegangen. Er war mit einer Frau verheiratet, die auch an Yeshua glaubte. Eine Überraschung nach der anderen! Er erkannte mich wieder und sagte: »Wenn du die *Yeschiva* verlassen willst, kannst du zu uns kommen.« Ich fühlte mich geschmeichelt, lehnte aber ab, weil ich ihre Familie nicht stören wollte. Ich sagte aber, ich wolle darüber nachdenken, und dann ging ich, um in die *Yeschiva* zurückzukehren.

Was ich entdeckt hatte, erstaunte mich. Ich hatte Gläubige und Menschen getroffen, die ihr Leben mit mir teilen wollten.

Einige Tage später war mein Zimmer in der *Yeschiva* durchwühlt. Alles war ein Chaos. Offensichtlich hatte jemand mich in die Christuskirche gehen sehen. Man beschuldigte mich, illegale Kontakte geknüpft zu haben. Man hatte christliche Literatur in meinem Zimmer gefunden.

Als ich eintrat, sagten sie: »Jetzt verstehen wir dein Problem« und »Normalerweise wird so jemand herausgeworfen. Aber wir kennen dich schon jahrelang und wissen, wie ernsthaft du warst. Vielleicht bist du deprimiert, weil der Kontakt mit der Frau nicht zur Heirat geführt hat, und deshalb bist du an den falschen Ort gegangen, um Antworten zu finden. Wir können uns nicht vorstellen, daß du etwas davon glaubst. Du hast nur gesucht, deshalb geben wir dir noch eine Chance, um dir zu helfen. Wir wollen dir Geld geben und alles tun, was du brauchst. Aber unter einer Bedingung: Du mußt Yeshua und allem, was mit ihm zusammenhängt, entsagen, und du mußt diese Bücher und die Bibel verbrennen. Du hast zehn Minuten, um es zu tun.«

Es war mitten in der Nacht, und es regnete in Strömen. Das letzte halbe Jahr, in dem ich als heimlicher Gläubiger in der *Yeschiva* gelebt hatte, zog an mir vorbei. Die ganze Zeit war ich hin- und hergerissen gewesen, und nun war die Lage eskaliert. Ich mußte wählen.

Ich warf einige Kleidungsstücke in eine Tasche und ging hinaus in den Regen. Mein ganzer Besitz blieb zurück. Ich dachte: »Das hole ich später ab.« Aber dazu ist es nie gekommen, ich bin nie zurückgekehrt. Ich hatte mich die ganze Zeit wie ein Heuchler gefühlt, weil ich als Gläubiger in der *Yeschiva* gelebt hatte, und ich fühlte mich schuldig.

Lohnte es sich, gläubig zu sein?

In den Straßen Jerusalems, mitten in der Nacht, dachte ich an das Angebot des Ehepaares, bei ihnen zu wohnen. Ich nahm den Bus und klopfte bei ihnen an, und sie empfingen mich als ihren Bruder.

Während der Monate, die ich bei ihnen verbrachte, begann der Herr, meinen Schmerz im Herzen zu heilen — diesen Schmerz des Zurückgewiesen-Seins. Ich mußte meine eigene Persönlichkeit entwickeln und lernen, ich selbst zu sein. Die hebräische Gemeinde in der Christuskirche begann gerade, sich zu entwickeln, und ich wuchs mit.

Die Leiter haben ein großes Haus, in dem junge Gläubige unterkommen und Hilfe bekommen, im Herrn zu wachsen. Dort lebte ich zwei Jahre.

Mittlerweile habe ich eine eigene Wohnung in Jerusalem, wo ich sehr glücklich bin. Ich habe in der Armee, in der *Yeschiva* und bei anderen Christen gelebt, und jetzt endlich habe ich meinen eigenen Platz. Ich arbeite im Buchladen in der Christuskirche und habe mit Beatrice meine künftige Frau kennengelernt.

Meine orthodoxen Freunde schneiden mich. Manche haben versucht, mich zur Rückkehr zu überreden, aber die meisten sehen einfach weg. Dieses Land ist klein, und man begegnet sich immer wieder.

Einige Jahre vergingen, bevor ich das Schuldgefühl loswurde, die *Yeschiva* verlassen zu haben. Aber als ich stärker wurde, wußte ich, daß ich das Richtige getan hatte, und konnte die Vergangenheit leichter vergessen. Und mein Glaube an Yeshua bringt mir große Freude. Ich habe größere Freude gespürt und mehr Segen empfangen als jemals zuvor.

Gott hat die Wunden der Vergangenheit geheilt und mich zu einer tieferen Beziehung zu ihm geführt. Ich habe auch meine eigene Persönlichkeit entwickelt. Ich kann jetzt meinen gemäßigten jüdischen Hintergrund von zu Hause genauso betrachten wie die streng orthodoxe Zeit. Ich verstehe jetzt die Juden so gut wie die Heiden.

Manchmal habe ich Gelegenheit, den orthodoxen Juden die Botschaft von Yeshua zu bringen, und das beeindruckt sie sehr, besonders, wenn ich das Beispiel meines eigenen Lebens erzähle und sie merken, daß ich ihr Leben kenne.

Ich bin Gott dankbar, daß die Trennmauer zerbrochen ist und daß sein Leben und seine Freude für alle Völker der Erde erreichbar sind. In unserer Gemeinde kommen Juden und Heiden zusammen, und in Christus sind wir wirklich eins.

Ich glaube, daß ich auch weiterhin in meinem Leben seinen Namen verkünden und eine Brücke zwischen Juden und Heiden bauen soll.

Ich liebe mein Land und die Menschen hier mehr als zuvor. Ich fühle mich hier zu Hause — auch, weil ich zu Gott »nach Hause« gekommen bin. In diesem Land brauchen wir dringend so eine Brücke ebenso wie auch eine zwischen Juden und Arabern.

Gemeinsam mit allen Gläubigen in allen Ländern bauen wir einen »Tempel der lebenden Steine«, der mit Paulus' Worten zum »Leben aus den Toten« führen wird (Röm 11,15).

8.

Lewis,
der Suchende

Lewis Sherman erzählte mir seine Geschichte in dem kleinen Büro hinter dem Buchladen in der Christuskirche in der Altstadt Jerusalems. Manchmal mußte ich den Kassettenrekorder ausstellen, um ihm die Möglichkeit zu geben, sich zu fassen.

Besonders die Beschreibung der Vision, die er von Yeshua hatte, bewegte ihn aufs Neue.

Gott hat ihm gezeigt, daß er eine besondere Liebe für Jerusalem hat. Er hat ihn zu der Stadt gebracht, wo Gott wohnen wird (vgl. Ps 132,14), entgegen seinen eigenen Plänen. »Seitdem«, sagt Lewis, »ist meine Liebe zu Jerusalem immer weiter gewachsen.«

Nach dem Interview ging ich in das jüdische Viertel, um an der Klagemauer Fotos zu machen. Ich wußte nicht, daß hier, beim Tempel, Unruhen ausgebrochen waren.

Als ich durch die engen Straßen ging und hin und wieder innehielt, um die kleinen Geschäfte anzusehen, in denen schöne Bilder und Skulpturen verkauft wurden, sah ich, wie eine Mutter versuchte, ihr Baby zu beruhigen, das in seinem Kinderwagen weinte und hustete.

Dann spürte ich ein Stechen in den eigenen Augen — Tränengas!

Ich kletterte auf eine kleine Mauer und schaute über den Platz vor der Klagemauer und dem Tempelberg mit dem goldenen Dach der Moschee im Hintergrund. Der Platz vor der Klagemauer war leer. Normalerweise stehen während des Laubhüttenfestes Zehntausende von Juden dort, um zu beten.

Einige Stunden zuvor hatten arabische Jugendliche begonnen, Steine auf die betenden Juden herabzuwerfen, so daß die Steine auf den Platz regneten. Ich sah, daß Soldaten das Tor gestürmt hatten und auf den Platz gerannt waren. Beim Laufen hatten sie geschossen, um die arabischen Jugendlichen zu vertreiben. 21 junge Araber wurden getötet, 125 verletzt, und 19 Israelis gehörten zu den Verletzten. Dieses Erlebnis nahm mich stark mit.

Tränen liefen mein Gesicht herunter, und das nicht nur wegen des Tränengases, das vom Tempelberg herüberwehte, sondern auch, weil ich den enormen geistlichen Kampf spürte, der hier tobte. Ich dachte an die Worte: »Du wollest dich aufmachen und über Zion erbarmen; denn es ist Zeit, daß du ihm gnädig seist« (Ps 102,14). Wieviel Blut wird noch fließen müssen, bevor dieses Stück des »Gelobten Landes« in Besitz genommen werden kann, damit der Messias zurückkehren kann?

Ich wurde 1944 in Brooklyn in New York in einer jüdischen Familie geboren. Meine orthodoxen Großeltern beeinflußten mein Leben besonders. Sie sorgten dafür, daß ich im jüdischen Glauben erzogen wurde.

Mit sechs Jahren kam ich nicht nur in die normale, sondern auch in die hebräische Schule. Mit sieben Jahren wußte ich intuitiv, daß mein wirkliches Leben erst beginnen konnte, wenn ich die Wahrheit gefunden hatte — aber ich wußte noch nicht, was das bedeutete.

Ich befolgte alle jüdischen Traditionen und hatte wenig Kontakt zu den heidnischen Kindern. Ich hörte auch niemals das Evangelium.

Meine einzigen Begegnungen mit Christen hatte ich, als ich bei verschiedenen Gelegenheiten von Leuten verprügelt und bedrängt wurde, die mir sagten, daß wir Juden Yeshua getötet hatten.

Nach meiner *Bar Mizwa* mit dreizehn Jahren beschloß ich, andere Religionen zu erforschen. Während des Religionsunterrichts versuchte ich, mit den Rabbis über meine tiefgehenden Fragen zu sprechen, weil ich es unerträglich fand, Gebete zu wiederholen, deren Bedeutung ich nicht kannte. Das mußte man aber tun, auch wenn man gar nichts begriff. Ich aber sehnte mich nach der Wahrheit.

Den christlichen Glauben wollte ich nicht erforschen, da ich nur schlechte Erfahrungen gemacht hatte. Ich wußte nur sehr wenig über das Christentum. So dachte ich beispielsweise, daß die verschiedenen Denominationen auch verschiedene Bibeln hatten.

Nach meinem dreizehnten Geburtstag begann ich, mich für Philosophie zu interessieren und mich mit Musik zu beschäftigen. Schon früh spielte ich professionell Gitarre und lernte die Welt der Musik und der Unterhaltung kennen.

Dadurch kam ich auch mit Drogen in Kontakt. Damals war Drogenmißbrauch in der New Yorker Musikszene an der Tagesordnung, und auch ich fiel in dieses Loch. Selbst die Bibel sagt ja, daß schlechte Gesellschaft gutes Benehmen zerstört. Mit mir ging es bergab, und ich nahm immer mehr verschiedene Drogen und wurde von ihnen abhängig.

Das war eine dunkle Zeit in meinem Leben, an die ich mich lieber nicht erinnere. 1968 war mir das Geld für mein Musikstudium an der Berkeley-Musikschule in Boston ausgegangen, und ich ging zurück nach New York, um ein Jahr lang als Musiker zu arbeiten. Ich hoffte, etwas Geld sparen zu können, um zur Schule zurückkehren und mein Studium beenden zu können.

Es war aber die Zeit des Vietnam-Kriegs, und nachdem ich die Schule verlassen hatte, konnte ich zum Militärdienst eingezogen werden. Ich beschloß, so schnell wie möglich ins Ausland zu gehen. Einige meiner Freunde hatten skandinavische Wurzeln, und ich dachte mir: »Ich gehe nach Schweden«. Ich hatte nur Gutes über Schweden gehört. Ich erinnerte mich an Danny Kayes Film nach der Geschichte von Hans Christian Andersen, in der der Rattenfänger um den Brunnen in Kopenhagen läuft.

Das war meine Vorstellung von Skandinavien, das wollte ich sehen.

Ich teilte meinen Eltern mit, daß ich die Vereinigten Staaten verlassen würde, vielleicht sogar für zehn Jahre. Ich nahm meine Gitarre und meinen Rucksack und bestieg das Flugzeug nach Kopenhagen. Aber ich blieb nur kurze Zeit in Kopenhagen, wo ich mit einigen anderen Musikern spielte — ich fühlte mich einfach nicht wohl.

Ich besuchte eine Freundin in Schweden, was eine Bootsfahrt von 45 Minuten und eine Zugfahrt von 20 Minuten zur Universitätsstadt Lund bedeutete. Dort lernte ich meine schwedische Ehefrau kennen. Sie studierte an der Universität, und wir wohnten zusammen.

Wir beide waren auf der Suche, und wir glaubten nicht an die konventionelle Heirat. Wir probierten verschiedene Religionen und Sekten aus. Ich war damals weit von Gott entfernt, aber ich sehnte mich immer noch nach der Wahrheit.

Recht zufällig las ich ein Buch von einem Philosophen, keinem Christen, in dem stand, daß an den Evangelien etwas Besonderes sei. Ich dachte: »Nachdem ich so ziemlich alles andere ausprobiert habe, kann ich ja auch die Evangelien lesen.«

Wir waren nach Stockholm gezogen, und dort ging ich in einen Buchladen und fragte nach den Evangelien. Man gab mir eine komplette King James-Bibel. Das überraschte mich — das jüdische Alte Testament war in einem Buch mit dem christlichen Neuen Testament.

Als ich allein in meinem Zimmer war, begann ich zu lesen. Da kam ich zu Johannes 8, 31 und 32: »Da sprach nun Yeshua zu den Juden, die an ihn glaubten: Wenn ihr bleiben werdet an meinem Wort, so seid ihr wahrhaftig meine Jünger und werdet die Wahrheit erkennen, und die Wahrheit wird euch frei machen.«

Plötzlich erfüllte die Gegenwart Gottes den Raum. Der Heilige Geist erfüllte mich, und ich hatte eine Offenbarung. Erst sah ich, daß mein ganzes Leben sich immer weiter von Gott entfernt hatte. Ich lebte ganz anders, als Gott es wollte. Mit anderen Worten, ich sah meine eigene Sündhaftigkeit. Ich sah, wie weit ich von Gott weggegangen war. Ich sah, daß alle Probleme auf der Welt, vom kleinsten persönlichen Problem bis zur größten politischen Krise, ihre Wurzel in der Trennung der Menschheit von Gott haben. Alle Probleme kommen von dieser Trennung.

Weiter sah ich, daß Yeshua am Kreuz nicht nur körperliche Schmerzen gelitten hatte, sondern das ganze Leid der Menschheit in der Vergangenheit, Gegenwart und Zukunft erfahren hatte.

Dann sah ich, daß Christus, der Messias, mein Leben ist. Ich verstand diese Offenbarung nicht vollständig. Sie überwältigte mich, aber ich konnte sie nicht begreifen. Ich beschloß, sie von meinem jüdischen Hintergrund aus zu betrachten.

Ich wollte das tun, indem ich nach Israel ging und mit den Rabbis sprach. Zu meiner Frau, die unser erstes Kind erwartete, sagte ich: »Ich gehe nach Israel. Ich weiß nicht, wann ich zurückkomme und ob ich zurückkomme, aber ich muß gehen.« Als ich ging, fing gerade die Weihnachtszeit an.

In Israel schrieb ich mich in einer *Yeschiva* ein, einer jüdischen orthodoxen Schule in Jerusalem. Sogleich begann ich, den Rabbis Fragen über Yeshua zu stellen. Zwei von ihnen wollten, daß ich das Neue Testament aus meiner Bibel riß. Einer wollte heimlich mit mir sprechen, aber daraus wurde nichts, weil ich die *Yeschiva* verließ. Ich wollte Antworten auf dringende Fragen, aber die *Yeschiva* bot mir keine Antworten.

Ich blieb zwei Monate lang in Israel und arbeitete in verschiedenen Kibbuzim.

Ich kam nie auf die Idee, in eine Kirche zu gehen. Das Christentum interessierte mich nicht. Aber ich wußte immerhin, daß Yeshua der Messias ist. Ich begriff nicht, was das bedeutete und hatte ihn noch nicht angenommen. Niemand hatte mir das Evangelium erklärt.

Ich kehrte nach Schweden zurück, und meine Frau und ich spürten beide, daß etwas geschehen würde. Sie schrieb auf schwedisch auf ein Stück Papier: »Wir warten auf den zündenden Funken«, und sie hängte es an die Küchenwand. Wir hatten eine sehr konfuse Vorstellung von geistlichem Leben und vermischten den Glauben an Gott mit östlicher Mystik.

Aus irgendeinem Grund glaubten wir, daß die Menschen in England geistlicher seien als in Schweden. Wir sagten: »Wenn Gott uns eine bestimmte Summe Geld gibt, soll das unser Zeichen sein, nach England zu gehen.« Wir setzten dann eine Summe fest, die wir in sechs Monaten nicht ansparen konnten.

Zu der Zeit gab ich Musikunterricht an einer Stockholmer Schule. Mein Fach war zeitgenössische Musik. Nach sechs Monaten hatten wir das Doppelte von der Summe, an die wir gedacht hatten.

Wir waren Vegetarier und planten, eine Biofarm in England aufzuziehen. Wir verkauften den größten Teil unseres Besitzes, verschenkten den Rest und brachen nach England auf.

Aber alles ging schief. Jede Tür war uns verschlossen. Leute, die wir treffen sollten, erschienen nicht. Und außerdem regnete es ständig. Wir trugen unsere schwedischen Wintersachen, obwohl es in England Sommer war, aber der englische Sommer war kälter als der schwedische Winter. Es war eine feuchte Kälte, die alles durchdrang. Es regnete sechs lange Wochen, und unser Geld zerrann uns in den Händen.

Wir dachten: »Vielleicht können wir nach Kanada gehen.« Ich zögerte, in die USA zurückzukehren, weil ich dachte, das FBI würde mich wegen des Militärdienstes suchen, obwohl ich nicht einberufen worden war, als ich Amerika verließ. Meine Eltern glaubten, das FBI wolle mich in die USA zurückholen, weil ich meinen Militärdienst ableisten sollte. Später stellte sich heraus, daß sie nur wissen wollten, wo ich wohnte. Jahrelang hatte ich das FBI auf meinen Fersen geglaubt.

Statt in Kanada kamen wir in Dänemark an. Ursprünglich hatten wir nicht vorgehabt, in den nächsten zehn Jahren nach Skandinavien zurückzukehren, aber nach sechs Wochen waren wir doch wieder da. Wieder versuchten wir, eine Farm zu finden, auf der wir Gemüse biologisch anbauen konnten, aber daraus wurde nichts.

Also zogen wir weiter nach Schweden und wohnten bei meinen Schwiegereltern. Nach einiger Zeit stellte mein Schwiegervater unbequeme Fragen wie: »Wie willst du eigentlich für deine Familie sorgen?« Das hielt ich nicht aus und sagte: »Wir gehen fort von hier.« Am dritten Tag beluden wir wieder mein kleines Auto, das ich in England gekauft hatte, und fuhren nach Lund, wo ich meine Frau kennengelernt hatte.

Wir gingen durch die Straßen und suchten einen Ort, an dem wir übernachten konnten, als ich einen alten Freund traf. Er wollte uns zu einem Haus bringen, wo harte Musik gespielt und Drogen konsumiert wurden, aber daran waren wir nicht mehr interessiert.

Wir gingen weiter und kamen zu einem kleinen Haus mit einem Schild im Fenster, darauf stand auf Schwedisch: »Jesus ist der Weg, die Wahrheit und das Leben«. Das berührte mich, und ich dachte: »Wenn sie wirklich an Yeshua glauben, werden sie uns hier übernachten lassen.«

Ich klopfte an, aber niemand öffnete.

Ich ging zur Hintertür und klopfte. Eine junge Frau öffnete, und ich sagte ihr, daß wir einen Schlafplatz suchten. Sie fragte: »Glaubt ihr an Yeshua?«

Ich sagte »Ja«, aber wir glaubten an viele Dinge.

»Na, dann kommt herein«, sagte sie.

Wir hatten also ein Bett und dachten: »Morgen gehen wir nach Norden, wo Freunde von uns eine Biofarm haben.«

Am nächsten Tag riefen wir unsere Freunde an, die uns erklärten, ihr Haus sei belegt und sie könnten uns nicht aufnehmen. Wir blieben also noch eine Nacht in dem Haus.

Am folgenden Tag kam eine Gruppe junger Leute, die auf einer Konferenz gewesen waren. Sie sprudelten über vor Freude am Herrn. Wir stellten ihnen alle möglichen Fragen und bekamen zum ersten Mal Antworten, die etwas bedeuteten. Wir sahen, daß sie die Wahrheit gefunden hatten, die wir suchten.

Sie erklärten uns das Evangelium: daß wir uns von unseren Sünden abwenden und Yeshua in unser

Herz bitten müßten. Dies taten wir in einem einfachen Gebet. Sofort spürten wir, wie der Heilige Geist unsere Herzen reinigte. Es war, als ob unser Inneres ein Bad nehmen würde.

Einige Tage später wurden wir getauft. Sie beteten mit uns, und der Heilige Geist erfüllte uns mit einer tiefen Freude. Es war wie Flitterwochen mit dem Herrn.

Insgesamt wohnten in dem Haus 15 Leute, unter ihnen Alkoholiker und Drogenabhängige, die den Herrn kennengelernt hatten. Mit diesen jungen Leuten gingen wir auf Konferenzen und hörten gute biblische Lehre. Wir sahen Wunder. Wir genossen die Treffen, in denen Gott gelobt wurde. So begann unser neues Leben. Anstatt nur einen Tag zu bleiben, wohnten meine Frau, unser Baby und ich acht Monate in dem kleinen Zimmer.

Eines Tages hatte meine Frau eine Vision. Sie sah, daß unser Leben sich verändern würde. Der Herr würde uns nach Amerika oder nach Israel bringen. Sie wußte nicht, wann und für wie lange das geschehen sollte. Das schien unmöglich — Israel ebenso wie Amerika. Aber die Veränderungen begannen nach einigen Tagen, und drei Wochen später waren wir schon in den USA, wo wir eineinhalb Jahre blieben.

Manchmal betete ich, daß der Herr mir zeigen möge, ob er für mich als Juden eine besondere Aufgabe hatte. Andere fanden es außergewöhnlich, daß ich als Jude an Yeshua glaubte, aber ich fand das ganz normal. Ich war schon einmal in Israel gewesen und hoffte, nie mehr dorthin zurückkehren zu müssen.

1983 begann der Herr, mich Nacht für Nacht aufzuwecken und mir Verse zu zeigen, in denen die Bibel über die Rückkehr der Juden in ihr Land spricht. Ich dachte an die Psalmen 120 bis 134, die als »Wallfahrtslieder« bezeichnet werden. Ich hatte vorher nie die Fußnote in meiner Bibel beachtet, die erklärte, daß Pilger diese Psalmen auf dem Weg nach Jerusalem sangen. In mir regte sich etwas.

Plötzlich wollte ich Hebräisch lernen. Wenn ich die Bibel aufschlug, fand ich immer Texte über die Rückkehr der Juden nach Israel. Ich fand Verse über Gottes besondere Liebe zu Jerusalem. Diese Liebe wuchs und wuchs in mir.

1984 zeigte mir der Herr Philipper 2,13, wo steht, daß Gott in uns wirkt und uns bereit und fähig macht, seinen guten Willen zu tun. Ich verstand, daß Gott nicht immer einen Befehl gibt, wenn er uns etwas sagt, sondern daß er an unseren Herzen arbeitet, bis wir uns freuen, es zu tun.

Ich war irgendwann so weit, daß ich nirgendwo anders als in Israel leben wollte. Wir kamen im Juli 1985 hier an.

Wir kamen nur mit unserm Glauben, mit nichts anderem. Ich hatte keine Aussicht auf eine Stelle oder auf Hilfe aus dem Ausland, und wir hatten mittlerweile sechs Kinder. In Schweden hatte ich gespürt, daß ich all meinen Besitz weggeben sollte. Ich sollte ihn nicht verkaufen, sondern verschenken. So kamen wir nur mit einigen Spielsachen für die Kinder hier an. Wir konnten im Aufnahmezentrum leben und gingen zum *ulpan*, um die Landessprache zu lernen.

Auf wunderbare Weise sorgte Gott dafür, daß

wir zwei Jahre lang in dem Zentrum bleiben konnten. Ich könnte ein Buch über all die Wunder schreiben, die der Herr für uns tat.

Ich fand eine Stelle in einer Fabrik für Laserlinsen. Ich mußte die Linsen polieren.

Dann legte der Herr mir aufs Herz, hinzugehen und das Evangelium zu verbreiten, aber ich wußte nicht wie. Bei einer Konferenz über Evangelisation in einem Ferienzentrum im Norden Israels teilte ich ein Zimmer mit Kelvin Crombi, der als Historiker in der Christuskirche arbeitete. Er erzählte mir, daß sie jemanden in der Kirche brauchten, der die Besucher begrüßte und für Gespräche bereit war. Bezahlung gab es allerdings nicht.

Ich hatte zu der Zeit keine Arbeit und nahm an. So kam ich in die Christuskirche, wo ich später Leiter des Buchladens wurde, was ich heute noch bin.

Als ich ankam, sagte man mir, daß man in jeder israelischen Stadt außer in Jerusalem evangelisieren könne. Aber das sehe ich anders.

Zuerst ging ich einfach auf die Straße, sprach mit den Leuten und verteilte hebräische Traktate, die das Evangelium anhand von Texten aus dem Alten Testament erklärten.

Viele glauben, daß es verboten ist, hier das Evangelium zu verbreiten, aber das stimmt nicht. Es ist nur verboten, Jugendliche zum Religionswechsel anzustiften.

Einmal sollte ich ein Bußgeld bezahlen, weil ich auf der Straße Traktate verteilte. Aber das Gericht verwarf die Anklage, weil es kein Gesetz gegen das Verteilen von Traktaten oder das Evangelisieren gibt.

Natürlich wird man manchmal bedroht, und ich war schon in einigen schwierigen Situationen, aber die meisten Erlebnisse auf der Straße waren positiv.

Andere denken, daß man nur als Jude mit Juden sprechen darf, aber das stimmt auch nicht. In Römer 1,11 steht, daß Gott die Heiden benutzen wird, damit die Juden ihnen nacheifern. Viele Juden sind durch das Zeugnis eines Heiden zum Glauben gekommen.

Natürlich gab es auch negative Reaktionen, aber über 90 % waren positiv. Außerdem sah ich, daß sich eine größere Offenheit entwickelte.

Wir hatten viele gute Gespräche. Einige orthodoxe und auch ungläubige Juden fragten geradeheraus, ob Yeshua wirklich der Messias der Juden sei, und sie wollten mehr darüber wissen.

Wir wissen, daß es chassidische Juden gibt, die heimlich an Yeshua glauben. Ich habe mit ultraorthodoxen Juden auf der Straße gesprochen, die die Möglichkeit nicht widerlegen konnten, daß Yeshua wirklich der Messias ist. Es braucht ein besonders starkes Wirken des Geistes, um sie dahin zu bringen, daß sie bekennen können, daß Yeshua der Messias ist. Ich glaube, das wird geschehen.

Auch für mich ist es ein Rätsel, was es wirklich bedeutet, ein Jude zu sein. Vielleicht erfahre ich das erst, wenn ich den Herrn sehe.

Als die Jünger in Lukas 10 zurückkamen, nachdem sie große Wunder im Namen des Herrn getan hatten, sagte Yeshua zu ihnen, sie sollten sich nicht darüber freuen, sondern »Freut euch aber, daß eure Namen im Himmel geschrieben sind.« (Vers 20). Für mich bedeutet das, daß unsere Identität im Himmel festgehalten ist. Unser wahrer Name, unsere wahre Persönlichkeit sind im Himmel festgehalten. Viele Juden nehmen einen neuen Namen an, wenn sie ins Land kommen. Das fand ich für mich nicht nötig, weil im Himmel ein neuer Name auf mich wartet.

Viele jüdische Gläubige verleihen ihrer jüdischen Identität Ausdruck, indem sie sich an die alten Traditionen und Rituale halten. Dazu fühle ich mich nicht berufen, vielleicht weil meine Frau Schwedin ist und keine Jüdin. Unsere Ehe ist ein Zeugnis dafür, daß Gott die trennende Mauer zwischen Juden und Heiden eingerissen hat.

Ich fühle, daß mein Jüdisch-Sein dadurch ausgedrückt wird, daß der Herr mich nach Israel gerufen hat. Dies ist meine Heimat, hier will ich leben. Ich bin einer der vielen Juden, von deren Herz der Schleier genommen wurde und die Yeshua als den Messias sehen können, die nicht zu einer anderen Religion übergetreten sind, sondern ihre wirklichen jüdischen Wurzeln in ihm gefunden haben.

Wir haben die Verheißungen. Es ist nur eine Frage der Zeit, bis »ganz Israel gerettet« sein wird. Das muß auch geschehen, bevor der Messias kommt. Es kommt der Tag, an dem alle Juden ihn kennen werden.

Eine theologische Meinung besagt: »Man muß den Juden kein Zeugnis geben, weil sie sowieso alle gerettet werden.« Das glaube ich nicht, denn Paulus sagt in Römer 1,16: »Denn ich schäme mich des Evangeliums nicht; denn es ist eine Kraft Gottes, die selig macht alle, die daran glauben, die Juden zuerst und ebenso die Griechen.« Ich weiß, daß ich nicht nur gerettet wurde, weil ich eine wunderbare Vision hatte. Ich mußte das Evangelium auch von einem anderen Menschen hören. Menschen, die besondere Erlebnisse haben, müssen dennoch das Evangelium hören und mit einer bewußten Entscheidung darauf antworten. Paulus begegnete Yeshua auf dem Weg nach Damaskus, aber es war auch nötig, daß Hananias ihm das Evangelium erklärte. Gott benutzt Menschen.

In 2. Korinther 5, 18 steht, daß wir Gottes Repräsentanten sind, die die Versöhnung bringen. Sobald wir wiedergeboren werden, müssen wir anfangen, das Evangelium zu verbreiten und somit der Versöhnung zwischen Gott und Menschen den Weg zu bereiten.

9.

Israel,
der Verletzte

Israel Harel ist ein echter Evangelist, der sich durch nichts zurückhalten läßt.

Er selbst ist das Ergebnis einer spontanen Evangelisation. Als er ein junger Drogenabhängiger war, der mit einer Gruppe Hippies in den Nischen der alten Stadtmauer von Jerusalem lebte, brach eine Amerikanerin alle Regeln und erzählte ihm in direkten Worten von Yeshua. Diesem verdankt Israel sein Leben.

Als Israel neben mir saß und seine Geschichte in meinen kleinen Rekorder sprach, dachte ich: »Wann lernen wir, die Allmacht Gottes zu akzeptieren und seine Fähigkeit, jeden auf einem anderen Weg zu führen?« Einige Juden erkennen durch eine Offenbarung, daß Yeshua der Messias ist. Gott benutzt Träume, Visionen und alle möglichen Offenbarungen. Aber er benutzt auch Menschen — manchmal sogar die, an die wir nicht gedacht hätten. Wir verringern die Weisheit und Kreativität Gottes durch theologische Barrieren. Er aber läßt sich davon nicht beeindrucken und rührt weiterhin Menschen in Not durch jeden an, der gehorsam und bereit ist, hinzugehen.

Ich wurde im Kibbuz Chulda zwischen Rehovot und Jerusalem geboren. Als ich noch klein war, zogen wir in den Kibbuz Ayelet Haschachar. Meine Eltern wurden beide auch in Israel geboren.

Den größten Teil meiner Jugend verbrachte ich im *moschav* Sde Mosche bei Lachisch. Dort lebte ich bis zu meinem fünfzehnten Lebensjahr.

Es war ein normaler weltlicher *moschav*. Aber in der Schule respektierte man die Bibel. Wenn man in diesem Land lebt, weiß man, daß die Bibel über wirkliche Dinge spricht, auch wenn man nicht an Gott glaubt.

Gott wurde allerdings fast nie bei uns zu Hause erwähnt. Wir standen den orthodoxen Juden kritisch gegenüber. Jetzt kann ich selbst erkennen, daß sie sich von der Einfachheit der Bibel entfernt haben. Ich kann sie mit den Katholiken vergleichen, die ihre Heiligen anbeten. Die orthodoxen Juden beten an den Gräbern berühmter Rabbis und ehren sie als Heilige. Ihre Auslegung des Gesetzes gilt soviel wie Gottes Wort.

Im *moschav* hatten wir unser eigenes Stück Land und unser eigenes Haus, aber wir kauften gemeinsam ein und kümmerten uns auch zusammen um den Kindergarten. Meine Eltern verstanden sich nicht sehr gut, und als Kind litt ich darunter. Mein Vater hatte selbst nie Wärme von seinen Eltern erfahren, und deshalb wußte er nicht, wie ein guter Vater zu sein hatte.

Meine Mutter bekam mich mit 17 Jahren, und so wußte sie ebenfalls nicht, wie sie eine gute Mutter sein sollte. Sie war ja selbst noch ein Kind! Ihre Mutter hatte dasselbe Problem gehabt und auch ihre Großmutter.

Meinen Eltern lag die Landwirtschaft nicht, deshalb stieg meine Mutter aus und arbeitete als Lehrerin. Sie war eine sehr gute Lehrerin. Sie unterrichtete Kinder, die Schwierigkeiten hatten. Vater hatte nie Geld, weil ihn die Landwirtschaft auch nicht interessierte. Ich wurde sehr früh rebellisch. Auf die häuslichen Probleme reagierte ich mit immer größerer Sturheit.

In der geschlossenen Gemeinschaft wußte jeder alles über den anderen, und deshalb hatte man bald einen Ruf, den man so leicht nicht wieder loswurde. Man mußte mit den Gleichaltrigen zusammenarbeiten. Nach der Schule arbeiteten wir zusammen auf dem Feld, fuhren Traktor und trafen uns abends in der Jugendbewegung. Die Gruppe verstärkte die Ablehnung, die ich zu Hause erfuhr. Ich war innerlich schwach, und die anderen nutzten das aus.

Unser *moschav* war nicht weit von der alten Stadt Lachisch entfernt, die auch in der Bibel erwähnt wird. Da ist es schön. Es ist die Stelle, an der die Küstenebene auf die judäischen Berge trifft. Es gibt viele Weinberge und Obstgärten dort. Wir bauten Kartoffeln, Tomaten und Kürbisse an. Es war ein wunderschöner Ort, um dort aufzuwachsen.

In der Grundschule hatte ich gute Noten, aber später mußte ich den Stoff selbst wiederholen, und das hatte ich nie gelernt. Ich blieb einmal sitzen und ging so bald wie möglich ab, um eine landwirtschaftliche Schule in Aschdod zu besuchen.

Ich lebte dort im Internat, was mich mit einer anderen Kultur in Kontakt brachte. In der Schule waren junge Amerikaner, die Hasch besaßen und Rockmusik spielten. Es war die Zeit nach Woodstock, die Zeit der Friedensdemonstrationen und der »flower power«.

Ich lehnte mich gegen die Gesellschaft und die Heuchelei der älteren Generation auf, die das eine sagte und das andere tat. Wenn man fragte, hieß es: »Das verlangt die Gesellschaft.« Ich fragte dann: »Was ist die Gesellschaft?« Meiner Meinung nach war die Gesellschaft krank.

Mein Vater sagte mir: »Aus dir wird nie etwas.« Also beschloß ich, mich an seine Worte zu halten. Alles, was ich machte, sollte der gesellschaftlichen Norm widersprechen. Das wurde das Muster meines Lebens: immer alles anders machen.

Vier Tage vor Ende des Schuljahres verließ ich den Norden und ging ins südliche Eilat, wo man zu jener Zeit alle Hippies antreffen konnte.

Es gab dort ein *wadi*, wo wir in Hütten lebten und Drogen nahmen. Wir erzählten einander, daß Drogen die Antwort auf die Probleme der Welt seien, denn wenn junge Leute unter Drogen stehen, sind sie jedermanns Freund und voller Euphorie. Wir lagen den ganzen Tag am Strand, nahmen abends Drogen und schliefen unseren Kater aus, um den nächsten Tag genauso zu verbringen.

Manchmal nahm ich den Bus und besuchte meine Eltern, aber das gab meistens Streit, und dann ging ich wieder. Mein Vater fragte: »Was machst du den ganzen Tag?« Ich sagte ihm, daß wir am Strand lagen und nachdachten. Ich war erst 15 Jahre alt.

Im Winter lebte ich am Strand in Eilat und im Sommer im Park von Tel Aviv. Jeden zweiten Tag angelten wir uns amerikanische Mädchen auf dem

Dizingof-Platz und gingen mit ihnen ins Bett. Es gab immer ganze Gruppen von amerikanischen Mädchen, unter denen wir wählen konnten.

Mit 18 zog ich nach Jerusalem. In einer Gruppe von Hippies lebte ich innerhalb und bei den Mauern der Altstadt. Dort gibt es Nischen, die für die Bogenschützen gemacht worden waren, und dort schliefen wir. Dort hörte ich den Namen Yeshua zum ersten Mal von einer Sekte, die sich Kinder Gottes nannte. Sie standen um mich und meine Freundin herum und sangen: »Du mußt wie ein Kind werden, um in den Himmel zu kommen.« Das war wie eine Gehirnwäsche. Damit wollte ich nichts zu tun haben.

Rina Jackwith, eine Amerikanerin, kam auch zu uns. Sie brach alle Regeln, sie hatte nie etwas von Vorsicht gehört, und das war mein Glück, denn sonst wäre ich nicht mehr hier.

Ich kann nicht verstehen, daß Menschen sagen, sie hätten eine Liebe zu Israel und verbergen doch den Glauben an Yeshua in ihrem Herzen. Ich halte es für eine Art des Antisemitismus, wenn man den Juden nichts von Yeshua erzählt. Jene weißhaarige Evangelistin hatte immer eine King James-Bibel dabei. Sie war altmodisch und fanatisch. Sie gehörte einer Kirche an, die an eine Art von »Verteilungstheorie« glaubte: Die Bibel bestand für sie aus verschiedenen Teilen, einem für die Vergangenheit, einem für die Zukunft, den paulinischen Briefen für die Gegenwart und so weiter. Als Juden kamen wir ganz gut bei ihr weg. Ich verstand kein Wort davon.

Sie lud uns zu sich ein, weil sie uns etwas zu essen geben wollte. Dort waren wir acht Hippies, und das beeindruckte uns. Es gab nur eine Bedingung: In ihrem Haus durften wir nicht rauchen, und wir mußten uns etwas über die Bibel anhören. Für ein warmes Essen geht man auf so etwas ein. Außerdem war es Winter, und wir würden vielleicht einen Schlafplatz bekommen.

Liebevoll öffnete sie uns ihr Haus und kochte für uns. Sie sagte immer wieder, daß wir wiedergeboren werden müßten. Sie zeigte uns einen Becher, in den sie Wasser goß. So müsse der Heilige Geist in unser Herz kommen. Ich erinnere mich nicht mehr genau, was sie sagte, aber wir fanden, daß sie gut erzählte.

Sie ließ uns auch Prophetien aus dem *Tenach* lesen: Jesaja 53, Jeremia 31 und Hesekiel 36, und sie behauptete, daß nur Yeshua diese Prophetien erfülle.

Wir durften zwei Wochen bei ihr bleiben. Sie fragte uns: »Glaubt ihr das oder nicht?« Wir dachten: »Wenn wir nein sagen, wirft sie uns raus und wir haben nichts zu essen und stehen in der Kälte.« Deshalb sagten wir: »Ja, wir glauben das.«

Junge Leute, die Drogen nehmen, tun alles für eine Mahlzeit. Für mich war aber mehr daran. Ich dachte nach, was sie über den Messias und Yeshua gesagt hatte, und besonders, was in Jesaja 53, 9 steht: »Wiewohl er niemand Unrecht getan hat und kein Betrug in seinem Munde gewesen ist ... « Das konnte sich nicht auf Israel beziehen, denn das ist voller Sünde. Rabbi Raschi (1040-1105), ein berühmter Bibelausleger aus Troyes in Frankreich, vertrat die allgemeine Auslegung, daß diese Stelle sich auf den Messias bezog. Aber heute wird sie auf Israel bezogen.

Mir wurde klar, daß ich Yeshua alles geben mußte, wenn ich ihn annahm. Das bedeutete für mich nicht, ihm meine Zeit zu geben, denn ich hatte alle Zeit der Welt. Um Geld ging es auch nicht, denn ich hatte keines. Er wollte mehr: meine Wünsche, meine Träume, mein Inneres, meinen Willen. Und ich würde gehorsam sein müssen, was ich am schwierigsten fand. Ich wollte mir von niemandem Vorschriften machen lassen, noch nicht einmal von Gott.

Ich ging also von Gott weg und zurück nach Eilat. Damals gab es kein Heroin, deshalb spritzte ich mir Opium und wurde LSD-abhängig. Seltsam war, daß die Drogen mir nicht mehr dasselbe wie früher gaben. In mir hatte sich etwas entwickelt, an dem ich alle meine Erlebnisse maß. Ich hatte etwas von der Wahrheit gesehen und wußte, daß ich mich von ihr entfernte.

Um »high« zu werden, nahm ich immer mehr Drogen. Zuerst spritzte ich einmal im Monat, dann einmal in der Woche, danach dreimal in der Woche und schließlich täglich. Mein Gehirn explodierte regelrecht, ich war ausgebrannt. Deshalb nahm ich immer mehr Tabletten, um mich aufzuputschen. Es war hoffnungslos.

Ich hatte den Wunsch, nach Europa zu gehen. Ich hatte etwas Geld im Kiosk meines Vaters verdient und flog nach Holland.

Als ich in Amsterdam ankam, dachte ich: »Hier bin ich im Himmel, denn hier ist nichts unmöglich.« Ich begann, im Vondelpark mit Drogen zu handeln. Das Ergebnis war, daß ich einsam und in einem schrecklichen Zustand im Park umherirrte. Die Polizei griff mich auf, ich wurde verhaftet und des Landes verwiesen.

Wieder in Israel begann ich, weiter mit Drogen zu handeln, aber ich wurde sofort verhaftet. Man hatte mich schon einmal erwischt und auf Bewährung freigelassen. Als man mich nun zum zweiten Mal verhaftete, erwarteten mich mindestens sechs Jahre im Gefängnis.

Zwischenzeitlich war mein Freund vom Strand in Eilat, der Holländer John Pex, zum Glauben gekommen. Als ich das zweite Mal verhaftet worden war, hätte ich ins Gefängnis geschickt werden müssen. Aber der Richter vergaß, mich aufzurufen. John, der draußen saß, betete.

Schließlich ging ich zum Richter und sagte: »Entschuldigung, aber Sie haben vergessen, mich aufzurufen.«

Er sagte: »Kommen Sie mit in mein Büro.«

Gemeinsam mit der Staatsanwältin trat ich ein. Der Richter saß hinter einem beeindruckenden Schreibtisch mit allen Gesetzbüchern hinter sich.

Ich betete leise: »O Herr, ich will nicht ins Gefängnis. Es ist schrecklich, ich weiß das.«

Der Richter dachte einen Moment lang nach und sagte dann: »Sie bekommen noch einmal drei Jahre auf Bewährung und eine Geldstrafe von 450 Schekel.«

Ich traute meinen Ohren kaum und ging direkt zu John, und wir tanzten beide und lobten Gott. Wir waren wirklich glücklich, aber das hielt nicht lange an.

Ich fiel wieder in mein altes Leben zurück — nicht nur einmal, sondern drei-, viermal. Ich wohnte im Park von Tel Aviv. Nachts stahl ich Alkohol aus dem Supermarkt und verkaufte ihn am Morgen. Mit dem Geld kaufte ich mir etwas zu essen. Ich schlief auf einer Parkbank und bettelte manchmal. Ich sank immer tiefer.

Meine Familie verstieß mich. Ich war das Schwarze Schaf. Ich hatte keinen Militärdienst geleistet, ich nahm Drogen, war ein Hippie und schadete dem guten Namen der Familie.

Dauerhafte Beziehungen konnte ich nicht aufbauen — meine Bitterkeit kam immer wieder zum Vorschein. Auch meine Freunde im Park wandten sich von mir ab. Nach meinem Vater, meiner Mutter und der ganzen Gesellschaft wollten nun auch die Freunde nichts mehr von mir wissen, mit denen ich täglich zu tun gehabt hatte.

Ich sagte zu mir: »Wenn mich niemand annimmt, so wie ich bin, bringe ich mich um.« Ich hatte ein wenig Geld, deshalb ging ich zu allen Apotheken in Tel Aviv und kaufte alle Schlaftabletten, die man ohne Rezept bekommen konnte. Ich beschloß: »Ich schlukke diese Pillen, und wenn ich nicht mehr aufwache, dann … lebe wohl, Welt! Wenn ich aber aufwache, gehe ich zu dem Bewährungshelfer, bei dem ich mich ab und zu melden muß, und bitte um Einweisung in eine psychiatrische Anstalt.«

Ich schlief die ganze Nacht und wachte wie gewöhnlich am nächsten Morgen auf — nichts war passiert. Die rezeptfreien Tabletten waren nicht sehr stark, außerdem war mein Körper an Drogen gewöhnt. Deshalb ging ich zum Bewährungshelfer und wurde eingeliefert.

Sieben Monate war ich in der Anstalt in Aschkelon, und danach war ich zwei Jahre in Etanim bei Jerusalem. Ich war ein schizophrener, paranoider Patient, der ständig versuchte, sich umzubringen. Ich zerschlug Glasscheiben und griff Menschen an. Ich hatte auch eine Bibel dabei und erzählte jedem, daß ich an Gott glaubte. Aber ich gehörte noch nicht zu ihm. Jedesmal, wenn ich die Bibel zu lesen versuchte, passierte etwas. Da waren wohl Dämonen am Werk.

Die Ärzte und Schwestern sorgten für mich, und ich genoß das, denn wenn man verrückt ist, ist man für nichts verantwortlich. Der Arzt sagte meiner Mutter, daß ich den Rest meines Lebens in der Anstalt verbringen müsse, da ich unheilbar sei.

Aber Gott beschützte mich dennoch. Eines Tages schluckte ich eine Handvoll Tabletten, und das waren sehr starke Tabletten. Zwei Tage lang lag ich bewußtlos ans Bett gefesselt. Ich mußte Tag und Nacht bewacht werden.

Ein Arzt mißbrauchte seine Position, um die Menschen zu dominieren. Er erzählte Lügen über mich, was mich wütend machte. Eines Tages lag auf dem Küchenboden ein Messer. Ich rannte hinein und streckte die Hand nach dem Messer aus, hielt aber eine Gabel in der Hand. Ich warf sie nach dem Arzt, und die Gabel traf ihn an der Stirn. Hätte ich das Messer geworfen, wäre es schlimmer ausgegangen. Der Arzt hatte eine Wunde, die mit vier Stichen genäht wurde. Das brachte das Faß zum Überlaufen.

Die Polizei wurde gerufen, eine Beschwerde gegen mich erhoben. Ich mußte die Anstalt sofort verlassen. Das war das Beste, was mir passieren konnte.

Ich war aus dieser schwermütigen Anstalt befreit. Ich mußte selbst Entscheidungen treffen. Ich war 23 Jahre alt und frei, aber wohin sollte ich gehen? Nicht zu meiner Familie. Mein Vater hatte seit zwei Jahren nicht mehr mit mir sprechen wollen und mich für tot erklärt. Auch meine Freunde wollten nichts mit mir zu tun haben.

Die Anstalt lag zwischen bewaldeten Hügeln, es war wunderschön. Ich ging in die Wälder und hatte vor, mich umzubringen. Ich hatte einen Gürtel mitgenommen und wollte mich aufhängen. Als ich unterwegs zu einer verlassenen Stelle war, hielt mich eine unsichtbare Macht an. Sie war greifbar, spürbar, aber unsichtbar. Ich konnte nicht weitergehen.

Ich befand mich in so tiefer Dunkelheit, daß ich beschloß, nichts mehr zu essen und auf diese Weise zu sterben. Ich setzte mich unter einen Baum und dachte: »Hier bleibe ich sitzen, bis ich sterbe.«

Ich hatte meine Bibel bei mir, in der ich niemals las. Jetzt aber hatte ich viel Zeit und begann zu lesen. Ich weiß nicht mehr, was ich las, aber plötzlich traf mich aus der Bibel ein Lichtstrahl direkt in meinem Inneren. Ich saß da und las acht Tage lang, bis ich Frieden im Herzen verspürte. Ich war gewiß, daß alles gut werden würde. Zum ersten Mal nach den zweieinhalb Jahren in der Anstalt hatte ich diese Gewißheit. Plötzlich war da dieser Friede, als sei der Sturm vorbei: Ruhe, tiefe innere Ruhe — wie wunderbar das war. Aber was sollte ich als nächstes tun?

Auf einmal wußte ich, daß ich John finden mußte, weil ich sonst diesen neuen Frieden wieder verlieren würde. Ich fand ihn, und gemeinsam gingen wir nach Eilat. John hatte schon viele Menschen zum Herrn geführt. Er wollte eine Herberge aufmachen, wo die Menschen das Evangelium hören konnten.

Ich half John und gab auch selbst Zeugnis. Aber während ich bezeugte, daß Yeshua uns befreien kann, zog ich alle paar Sätze an meiner Zigarette, weil ich drei Päckchen am Tag rauchte. Im Innern war ich noch immer voller Bitterkeit und fühlte mich abgelehnt.

In der Bibel las ich vieles über die Endzeit. Ich dachte: »Die Vergangenheit kommt nicht zurück, und die Gegenwart können wir nicht ändern. Also ist nur die Zukunft wichtig. Ich will die Prophetien studieren.« Ich erhielt eine große Summe Geld, weil ein Jahr Sozialhilfe ausstand. Da sagte ich mir: »Jetzt ist es Zeit zu gehen. Ich gehe weg von hier, weg von den Menschen. Ich gehe zur Insel Patmos und lebe von Fisch, und vielleicht ist die Atmosphäre dort noch so wie in der Zeit von Johannes, der die Offenbarung dort eingegeben bekam. Vielleicht zeigt Yeshua mir, wann er zurückkommt.«

In Haifa fand ich ein Boot, das nach Zypern fuhr; von dort konnte ich ein Boot nach Patmos nehmen. Ich reservierte eine Koje in einer Vierbett-Kabine. Es war Winter und nicht sehr angenehm an Bord. Deshalb ging ich in die Kabine und stellte mich den drei anderen Männern vor, die hier schlafen würden. Einer fragte mich: »Was machen Sie?«

Ich antwortete: »Ich reise.«

»Warum?«

Ich erwiderte: »Um etwas zu suchen.«

»Was haben Sie bis jetzt gefunden?«

Zu ihrem großen Erstaunen antwortete ich: »Gott.«

»Mose?«

»Nein«, sagte ich, »Yeshua.«

Plötzlich waren sie ganz begeistert und sagten, daß sie auch an Yeshua glaubten und an das Sprechen in Zungen und an Heilung. In meiner kurzen Zeit als Christ hatte ich alle möglichen Argumente gegen das Zungenreden und Heilung durch Glauben gehört, so sagte ich: »Das ist nicht biblisch.« Das Gespräch wurde zum verbalen Kampf. Wir sprachen immer lauter und schlugen uns Bibelverse um die Ohren. Rückblickend waren wir nicht gerade ein Beispiel brüderlicher Liebe.

Während dieser hitzigen Diskussion trafen zwei Gedanken mein Herz wie Pfeile. Einer war: »Warum steckst du Gott in deine kleine Schachtel und stellst ihn auf ein Regal, um ihn anzusehen? Warum sagst du nicht zu Gott: Zeige mir, wer du bist?«

Kurz darauf sagte ich: »Laßt mich dieses verrückte Gebrabbel doch einmal hören.« Und einer sagte ein paar Sätze. Ich meinte, eine richtige Sprache zu hören. Das berührte mich tief, aber das wollte ich nicht zeigen.

Die jungen Männer erzählten, daß sie ein paar Kleinbusse an einen Ort in Zypern bringen mußten, nach Skouriotissa oder so. Da war irgendeine Schule, ich verstand die Einzelheiten nicht.

Um sechs Uhr morgens kamen wir im Hafen von Limassol an. Wir vier standen auf Deck und beobachteten, wie das Schiff manövriert wurde, und ich wollte fragen, ob ich mitkommen könne. Ich wußte, daß

Gott mir eine letzte Chance gab. Ich war jetzt sechs Jahre lang vor ihm weggelaufen und konnte ihm doch nicht entfliehen. Ich hatte lange Haare, trug Ohrringe, hatte schwere Stiefel und einen langen Mantel — ein echter Hippie.

Ich dachte: »Wenn ich nicht mit ihnen gehe und nichts Radikales mit mir passiert, werde ich den Rest meines Lebens durch Limassol wie ein Besessener wandern.« Es war wie Nebukadnezars Irrsinn im Buch Daniel. Ich hatte Angst, daß es mit mir auch so enden würde. Ich dachte: »Wenn sie mich zurückweisen, wird es nicht mein Fehler sein, wenn ich mich von Gott abwende. Ich werde mich dann wieder ins Schneckenhaus zurückziehen und mich abgelehnt fühlen wie üblich.« Also ging ich zu ihnen und fragte, ob ich mitkommen könne. Zu meiner Überraschung sagten sie: »Ja, natürlich.«

Die Reise durch Zypern dauerte zwei Stunden. Man fährt an der Küste entlang, dann kommt man immer weiter in gebirgiges Land. Wir verfuhren uns ständig und mußten uns auf kleinen Höfen den Weg erklären lassen.

Einmal sah ich einen enormen Berg aus Steinen und Geröll — die alte Kupfermine. Sie erklärten mir, daß die Mine schon im Jahr 500 vor Christus existierte und daß seitdem ständig darin gearbeitet werde. Nach der türkischen Invasion 1974 waren die Mine und die Gebäude unter Leitung der Griechisch-Orthodoxen Kirche. »Jugend mit Einer Mission« hatte die Gebäude von der Kirche gemietet.

Als wir auf das Grundstück fuhren, kamen uns spielende Kinder entgegen. Einer der Männer redete mit dem Leiter und fragte, ob ich bleiben könne. Und wieder hörte ich: »Du bist willkommen.«

Vom Verstand her wußte ich einiges über Gott und die Bibel, aber ich hatte noch keine große persönliche Erfahrung mit ihm.

Am Abend hatten sie ein Treffen in einem kleinen Saal. Der Sprecher hatte einen katholischen Hintergrund und war sehr konservativ. Er sagte: »Ich spüre, daß jemand hier ist, der Gebet braucht.« Ich dachte: »Ach du Schreck.« Aber ich dachte auch: »Jetzt bin ich so weit gekommen, ich kann nicht mehr weg.« So ließ ich sie mir die Hände auflegen, und sie begannen zu beten.

Und dann sah ich den Herrn. Ich verstand, daß er mir jahrelang gefolgt war, um mir zu sagen, daß er mich liebte. Ich aber hatte ihm jedesmal ins Gesicht gespuckt und gesagt: »Laß mich bloß meinen eigenen Weg gehen.«

Der Herr sagte: »Ich liebe dich. Ich stehe mit offenen Armen hinter dir.« Ich brach in Tränen aus und rief: »Herr, in meinem Leben geht alles schief. Meine Familie will nichts mehr von mir wissen, und meine Freunde haben mich verlassen. Ich bin voller Bitterkeit und habe Selbstmordgedanken. Es gibt keinen außer dir, Herr, der mir helfen könnte.«

Ich hatte mich geschlagen gegeben. Es war, als ob eine schwarze Decke von mir gezogen würde. Ich konnte wirklich sehen und spüren, wie diese Decke von meinen Schultern fiel und verschwand. In den folgenden Tagen fühlte ich mich um zehn Kilo leichter. Ich hatte meine Last von Schuld, Sünde und Bitterkeit verloren.

Ich wollte gerne noch eine Weile im Zentrum bleiben und wurde zugelassen. Das war eine seltsame Situation. Hier gab es junge Leute aus allen Nachbarländern, aus Ägypten, Jordanien, sogar Syrien, und in ihrer Mitte war ich, ein Jude. Alle waren begeistert von Yeshua. Die Leute arbeiteten im Gemüsegarten und sangen dabei. Wer auf der Farm arbeitete, pries den Herrn dort. Es war die Zeit der ersten Liebe, und die Menschen hatten das Ziel, das Evangelium in jedem Land des Nahen Ostens zu verbreiten.

Einmal rannte ich eine Frau fast um und sagte: »Verzeihung.«

»Natürlich verzeihe ich dir. Das und alles«, sagte sie. Das verstand ich nicht. Da erklärte sie mir, daß der Heilige Geist in einem Menschen leben und daß man in der Kraft des Heiligen Geistes vergeben kann. Ich dachte: »Das brauche ich auch.« Ich wollte aber nicht, daß man mir noch einmal die Hände auflegte und betete. Ich wollte das allein mit Gott erleben.

In meinem Zimmer las ich die Bibel, und plötzlich spürte ich ganz tief Gottes Liebe. Es schien, als ob diese Liebe durch mich ging, durch meinen Körper floß, um dann durch meine Poren wieder auszutreten. Ich wurde rein. Ich spürte, daß Gott mich wie ein Vater umarmte. Ich war nach Hause gekommen.

Später zeigte mir der Herr, daß er mir seine Liebe sehr vorsichtig offenbarte, weil ich wie ein rostiges Kabel war, das nicht zuviel Spannung auf einmal aushielt.

Ich hängte mich an Gott. Alles, was ich tat, wurde von Lobpreis begleitet. Ich sang den ganzen Tag und fühlte mich Gott nahe. Jeden Abend gab es ein Treffen, und ich ging jedesmal hin und sang so laut wie möglich mit. Ich war ganz tief von der Freude Gottes ergriffen worden.

Auf dem Boot nach Zypern hatte ich eine Stange Zigaretten mitgenommen. Aber ich sah ein, daß ich das Rauchen aufgeben mußte. Ich ging zu einem Fluß und warf all die wertvollen Zigaretten hinein.

Jetzt mußte ich noch leben lernen. Gibt es eine Schule, an der man lernt, wie man ein neues Leben beginnt? Gott nahm mich in diese Schule.

Zuerst lernte ich Vergebung. Ich vergab meinen Eltern.

Ich ging zum Friseur und ließ mir die langen Haare abschneiden.

Im Kleinlaster fuhr ich mit nach Nicosia, um andere Kleidung zu kaufen.

Ich ließ mich fotografieren und schickte John in Eilat einen Abzug. Er schrieb, daß ich nicht wiederzuerkennen sei.

Ich schrieb den Psychologen aus der Anstalt einen Brief, und ihre Reaktion war: »Wie war das möglich?«

Nach einem Jahr, in dem ich verschiedene Kurse gemacht hatte, ging ich zurück nach Tel Aviv. Im Immanuel-Haus gab es eine kleine Gemeinde, wo ich andere Gläubige traf. Ich arbeitete dort als Freiwilliger im Büro ihrer Herberge.

Ich lernte dort auch meine Frau Brigitte aus der Schweiz kennen, und wir heirateten.

In Tel Aviv gab es immer mehr messianische Gläubige. Der Dugit-Buchladen in der Frishmanstraße war Treffpunkt und Evangelisationszentrum.

Im Zentrum des Landes entwickelten sich immer mehr Aktivitäten. Aber wir wollten Pioniere sein. Wir wollten in Gegenden arbeiten, wo alles von vorne anfangen mußte. So zogen wir nach Tivon.

Für mich ist es wie ein Fischernetz. Die Fäden sind die Beziehungen, die die Gemeinden im ganzen Land miteinander verbinden. Ohne das geistliche Band funktioniert das Netz nicht.

Gott will, daß kleine Gemeinden wachsen und sich über das ganze Land verteilen − wie ein Fischernetz miteinander verbunden. Satan mag das nicht. Er steckt sein Messer ins Netz und versucht, es zu zerreißen, damit wir nicht fischen können. Wir brauchen keine organisierte Vereinigung, sondern Einheit im Herzen, Einheit im Geist.

10.

Avi,
der Barmherzige

Beerscheba liegt in der heißen Wüstensonne. Der *scharav* läßt nicht nach, und gelber Staub dringt in alles ein. Zum Glück hat der Bus aus Tel Aviv eine gute Klimaanlage. Nach der Ankunft an der Bushaltestelle in Beerscheba rufe ich Avi Magid an. »Ich bin gleich da«, sagt er.

Ich kaufe die neueste Ausgabe der »Jerusalem Post« mit den letzten Nachrichten über die Golfkrise und streife durch die Straße zum wöchentlichen Beduinenmarkt. In der Hand habe ich ein *falafel* und genieße das farbenfrohe Schauspiel. Die Männer tragen blau-weiße oder rot-weiße *kaseyahs* auf dem Kopf, die Frauen haben lange Kleider. Ihre Haut ist gelb-braun, manchmal auch dunkelbraun, und sie gestikulieren lebhaft beim Kaufen und Verkaufen. Zwischen den Ständen, wo Teppiche, Töpfe und Pfannen und häßliche Souvenirs für die Touristen verkauft werden, laufen Kamele und Esel. Es ist eine laute und bunte Welt.

Ein Taxi hält an. Ein Mann mit grauem Bart und einer dunklen Brille steigt aus — das muß Avi Magid sein (62 Jahre alt). Er begrüßt mich auf holländisch. Das erwartet man in der Wüste Negev, nahe bei den Beduinen, nicht.

Ich steige ins Taxi, und wir fahren am modernen Postamt und an der Universität vorbei in einen Vorort. Die Wüste ist immer präsent. Man sieht das endlose Ödland immer wieder zwischen den Gebäuden.

Als wir die kleine Dreizimmerwohnung betreten, werfen uns die drei Hunde fast um, die gerade herausgelassen werden. Unglaublich! Eine fünfköpfige Familie und drei Hunde in so einer kleinen Wohnung!

Aber ich weiß noch nicht die Hälfte von allem. Avi und seine Frau Esther nehmen Drogenabhängige in ihre Familie auf. Zusätzlich sorgen sie für ein schwer behindertes Baby, das alle 20 Minuten flüssige Nahrung bekommen muß.

Da sie ständig für dieses kleine Kind sorgen, das taub, blind und gelähmt ist, können sie nie für einen Tag weggehen und natürlich auch keinen Urlaub machen.

Eine Überraschung folgt der nächsten. Wir treten ein, und Avi verschwindet in der winzigen Küche. Er ruft durch die offene Tür: »Ich habe schon seit Monaten ein Paket Douwe-Egberts-Kaffee hier, das mir jemand für eine besondere Gelegenheit geschenkt hat. Soll ich etwas echten holländischen Kaffee machen? Mögen Sie einen?«

Welch eine Frage! Ich sitze auf dem Sofa und warte geduldig und schaue mich um. Da steht ein großes Aquarium. Eines von Avis Bildern, eine Stadt mit pittoresken ockerfarbenen Häusern hängt an der Wand. Avi kommt mit dem Kaffee und erklärt, daß er eigentlich Maler ist, »aber ich habe keine Zeit, etwas Schönes zu malen, weil wir uns um die Drogenabhängigen kümmern.«

Ich schalte den Rekorder ein, und Avi beginnt. Im Hintergrund hört man das regelmäßige Atmen der drei Hunde, den rasselnden Atem des gelähmten Babys und die Stimme eines der Abhängigen, der etwas fragt.

Ich wurde in Rotterdam geboren. Meine Mutter war Jüdin. Mein Vater war Arzt, ein Spezialist für Tropenkrankheiten. Er war kein Jude. Ich war das einzige Kind. Außer meiner Mutter und mir hat keiner aus unserer Familie den Krieg überlebt.

1942 wurde die Unterdrückung durch die Besatzung viel stärker, und wir mußten einen gelben Stern tragen. Als ich elf Jahre alt war, wurde meine Mutter einmal auf der Straße angehalten, weil sie ihren gelben Stern nicht trug und auch keine Papiere bei sich hatte. Sie wurde verhaftet und nach Hause gebracht. Die deutschen Soldaten bemerkten ein Bild von mir auf dem Sims im Zimmer und fragten: »Wer ist das?«

Meine Mutter sagte: »Das ist mein Sohn, aber er ist nicht hier.« Die Soldaten wollten wissen, wo ich war, aber meine Mutter wollte es nicht sagen. Da schlugen sie sie, bis sie sagte, daß ich in der Schule war.

Sie gingen zu meiner Schule und sagten zum Direktor: »Wir wollen Avi Magid holen.« Der Rektor weigerte sich und schickte sie weg. Aber sie kamen wieder und sagten, daß meine Mutter befohlen hatte, mich nach Hause zu schicken, was eine Lüge war.

Als der Rektor mich gehen ließ, wurde ich verhaftet und weggebracht. Meine Mutter und ich kamen ins Polizeihauptquartier. Am Abend hatten sie offensichtlich genug Gefangene zusammen, denn wir wurden zu einem großen Schuppen auf der Stieltjesplein gebracht. In diesen Schuppen wurden die gebracht, die im Zug zu den Konzentrationslagern transportiert werden sollten. Im Schuppen war es schrecklich. Leute weinten, einige wurden geschlagen, und man wußte, daß es noch viel schlimmer kommen würde. Die SS beging die widerlichsten Verbrechen direkt vor meinen Augen. Ich war elf Jahre alt und sah, wie sie Menschen zu Tode prügelten. Zum ersten Mal wurde ich mit dem Tod konfrontiert.

Im Juli 1942 brachte uns der Zug zum Lager Westerbork in Drente, einer ländlichen Gegend im Norden Hollands. 1942 hatten die Deutschen dieses überlaufene Lager besetzt und ihm den schrecklichen Namen »Judendurchgangslager« gegeben. Hier waren insgesamt 106 537 Juden und einige hundert Zigeuner gefangen.

Jeden Dienstag ging ein Transportzug (ohne Fenster) ab zu den Vernichtungslagern in Deutschland und Polen — das war die »Himmelfahrtsstraße«. Für 102 000 Juden war dies wirklich die letzte Reise. Zuerst sah man den großen Graben und den Stacheldrahtzaun, dann die vielen Holzbaracken in rostigem Braun. Das südöstliche Gelände wurde für den täglichen Appell benutzt.

Als Mutter und ich ankamen, war es fast Nacht, und ich sah nicht viel von dem Ort. Die deutschen Soldaten stießen unsere klägliche Gruppe durchs Tor. Ich sah die Wachtürme am Zaun.

Plötzlich hatten es alle eilig. Vielleicht hatten die am Ende der Reihe Angst, daß man sie schlagen würde, und die stießen die anderen nach drinnen.

Da geschah, was ich am meisten gefürchtet hatte: Ich wurde von meiner Mutter getrennt. Bis zu diesem Moment war ich nie ohne meine Mutter gewesen. Mutter war meine einzige Verbindung zu Heim und Leben. Ich dachte: »Das ist der schrecklichste Tag meines Lebens.« Ich wurde zu einer Baracke mit hölzernen Betten geschoben, immer drei übereinander. Ein anderer Junge in meinem Alter, Japie van Kleef, bekam das Bett über mir. Leider war er Bettnässer — es ist nicht angenehm, dann darunter zu liegen!

Am nächsten Morgen wurden wir zum Appell aus dem Bett geworfen. Ich lernte, daß man gerade stehen mußte, egal, wie lange es dauerte, und wenn man sich umschaute, wurde man geschlagen. Es war so verwirrend und entmutigend. Erwachsene sprachen laut über ihre Todesangst. Jeder Tag konnte der Tag sein, an dem man »zum Transport« vorgesehen war, und wir wußten schon, daß das den Tod bedeutete. Sie sprachen laut von ihren Ängsten und merkten nicht, welch vernichtenden Eindruck das auf die Kinder machte, die dachten, daß die Erwachsenen alle richtigen Antworten kennen.

Die Deutschen fanden heraus, daß meine Mutter Krankenschwester war, so mußte sie in einer anderen Baracke arbeiten.

Während unserer sechs Monate dort, von Juli bis Ende Dezember 1942, wurde es immer kälter, und wir trugen nur die Kleider, die wir besaßen und die wir während des Transports getragen hatten. Es gab keine Heizung in den Baracken, und das Leben wurde immer härter. Einige Gefangene hatten besondere Rechte; irgendwie verdienten sie etwas Geld und konnten im »Lagerladen« einkaufen. Aber wir hatten kein Geld und keine Privilegien. Man schlug mich hier nicht, aber ich hatte ständig Angst, weil ich wußte, daß ich nach Deutschland oder Polen geschickt werden sollte.

Dann geschah das Erstaunliche: Wir bekamen eine Chance zur Flucht. Das kam so: Ich saß in der Baracke, als meine Mutter kam und mich beiseite nahm. Sie sagte, daß das Tor offen sei und wir fliehen könnten. Wahrscheinlich hatte der Militärpolizist das Tor offengelassen, als er einen Moment herausging. Ob er das absichtlich oder aus Versehen gemacht hat, haben wir nie erfahren. Wir gingen zu dem großen Stahltor mit Stacheldraht, und es war angelehnt. »Laß uns gehen«, sagte Mutter, aber ich zögerte. Ich hatte Angst. Aber meine Mutter konnte mich überreden, und wir schlüpften nach draußen.

Die Straße, die zum Lager führte, war ein unebener enger Weg, auf dem die Bauern ihre Felder erreichten. Wir waren frei, aber die Angst vor Entdeckung nahm uns die Freude. Wenn ein Auto mit Deutschen kam, würde man uns fangen, und dann wären wir schlechter dran. Wir gingen eine Viertelstunde und erstarrten — da kam ein Auto.

Im Auto saßen zwei holländische Polizisten, und mein einziger Gedanke war: »Sie werden uns ins Lager zurückbringen.« Aber ein Polizist flüsterte dem anderen etwas zu und sagte dann: »Schnell, kommt mit uns«, und er steckte uns ins Auto.

Wir wußten nicht, wohin sie uns bringen würden. Wir waren noch nicht weit, als uns zwei Männer in Zivil anhielten.

»Das sieht schlecht aus«, sagte der eine Polizist. Die beiden Männer waren holländische Nazis.

Sie fragten: »Wer sind die Frau und der Junge? Das sind doch Juden!«

Der Polizist bestätigte das. Dann fügte er hinzu: »Äh ... wir sollen sie zum Verhör nach Assen bringen.«

Das schluckten die holländischen Nazis und ließen uns passieren. Tatsächlich brachten uns die Polizisten nach Assen, aber nicht zu den Besatzern. Sie brachten uns zum Haus eines Mannes aus dem Widerstand und baten ihn, uns weiterzuhelfen.

Als wir aus dem Auto stiegen, fragte meine Mutter die Polizisten, die unser Leben gerettet hatten, nach ihren Namen. Sie sagte: »Nach dem Krieg werden wir uns revanchieren.« Aber sie nannten ihre Namen nicht, was wegen ihres eigenen Sicherheitsbedürfnisses verständlich war. Nach der Befreiung versuchten wir, die beiden zu finden, hatten aber keinen Erfolg.

Der Mann aus dem Widerstand brachte uns am nächsten Tag zum Zug und sagte, daß jemand uns am Bahnhof in Rotterdam erwarten würde. Ein anderer Widerständler sollte uns zu einem Versteck bringen.

Während der Zugfahrt wurden wir nicht angehalten, und so kamen wir in Rotterdam an. Wir wußten nur nicht, wie der Mann, der uns abholen sollte, aussah.

Als der Zug in Rotterdam hielt, kam jemand geradewegs auf uns zu und fragte: »Kommen Sie aus Assen?« Wir sagten: »Ja.« Da sahen wir, daß wir in guten Händen waren.

Am nächsten Tag brachte man uns nach Den Haag, wo wir getrennt wurden. Meine Mutter kam in ein Versteck, ich in ein anderes. Kurz nach ihrer Ankunft im Versteck wurde meine Mutter wieder verhaftet und für den Transport vorgemerkt. Aber sie überlebte — als einzige aus unserer Familie. Nach dem Krieg sollte ich sie wiedersehen.

Als ich in meinem Versteck ankam, sagte die Frau dort: »Junger Mann, als erstes wirst du etwas schlafen, du siehst völlig erschöpft aus.« Sie brachte mich in ein kleines Schlafzimmer mit einem sauberen Bett, und ich legte mich hin. Sie dachte, daß ich gleich einschlafen würde, aber ich konnte nicht. Ich hörte immer noch die Schreie und sah die schrecklichsten Dinge vor meinen Augen passieren, Dinge, die ich im Lager und während des Transports gesehen hatte. In meinem Kopf schwirrte es vor Angst aufgrund der Erfahrungen, die ich gemacht hatte, und ich konnte keine Ruhe finden.

Es war ungefähr vier Uhr nachmittags, und der Himmel war klar. Die Sonne schien in das kleine Zimmer. Ich saß aufrecht im Bett, die Augen angstvoll aufgerissen, und ich lauschte, falls jemand kam, um mich wieder zu holen. Ich war voller Panik, in einem echten Schockzustand.

Als ich voller Angst dasaß, wurde das sonnige Zimmer plötzlich so schwarz wie in der Nacht. Ich wußte nicht, was mit mir geschah. Ich hatte nicht gemerkt, daß es überhaupt dunkel geworden war, bis ich in der rechten Ecke des Zimmers eine Person sah — eine leuchtende Person. Ich konnte das Gesicht oder andere Einzelheiten nicht erkennen, nur die leuchtenden Umrisse. Die Arme, die auch leuchtende Umrisse hatten, deuteten in meine Richtung.

Als ich die Person sah, verschwand sogleich alle meine Panik. Ich war absolut ruhig. Ich hatte keine Angst mehr. Das dauerte vielleicht weniger als eine Sekunde, ich weiß es nicht. Danach war das Zimmer so sonnig und hell wie zuvor.

Ich kletterte aus dem Bett und ging hinab ins Wohnzimmer, wo meine »Versteck-Mutter« am Tisch saß. Sehr verwundert sagte sie: »Was machst du denn hier? Ich habe dich doch gerade ins Bett gebracht!«

Ich konnte nur sagen: »Wer ist Yeshua?«

Die Frau sah mich erstaunt an und erwiderte: »Warum fragst du?«

Da sagte ich ihr, was ich gesehen hatte.

Sie war eine gläubige Frau und sagte: »Du hast den Herrn gesehen. Setz dich, und ich will dir erzählen, wer Yeshua ist.« Sie erzählte mir von Yeshua, daß er auf die Erde gekommen ist, um uns zu retten, und daß er der verheißene Messias ist.

In den folgenden Tagen gab sie mir die Bibel zu lesen, und ich fand eine neue Welt. Ich folgte dem Herrn und dankte ihm täglich für den Moment, den schwierigsten Moment in meinem Leben, als er mir erschienen war. Ich hatte ihn nicht gesucht; das konnte ich nicht, weil ich ihn nicht kannte. Er hatte mich gesucht.

Als ich nach dem Krieg wieder mit meiner Mutter vereint war, erzählte ich ihr von meinem Erlebnis und sagte, daß ich Yeshua folgen wollte und daß ich glaubte, daß er unser Messias ist. Sie sagte zu mir: »Mein Sohn, wenn du das für richtig hältst, dann hast du meinen Segen.«

Meine Mutter kam selbst nie richtig zum Glauben. Wenn ich ihr von Yeshua erzählte, sagte sie immer: »Yeshua muß ein guter Mensch gewesen sein.« Aber sie konnte sich ihm nie öffnen und wandte sich nie an ihn. Sie starb 1983 im Alter von 84 Jahren.

Von meinem Versteck aus hatte ich Kontakt mit einem Prediger in Rotterdam geknüpft. Bei sich zu Hause hielt er Bibelstunden, in die ich ging, und ich lernte eine Menge.

Nach dem Krieg beendete ich meine Ausbildung. Ich besuchte die Kunstakademie in Rotterdam, und abends ging ich in die Musikschule. Ich spielte Klavier.

Später studierte ich Ergotherapie und arbeitete 20 Jahre lang als Ergotherapeut in verschiedenen Krankenhäusern. Ergotherapie ist eine Art Zusatz zur Physiotherapie. Man schlägt Übungen vor, um den Menschen zu helfen, besser zurechtzukommen, wenn Teile des Körpers durch Krankheit oder Unfall geschädigt sind.

Ich lernte Esther kennen, wir heirateten und bekamen unsere erste Tochter. Meine Frau ist keine Jüdin. Sie ist in einer christlichen Familie aufgewachsen. Später wanderten wir nach Israel aus.

Der Hauptgrund für unseren Umzug nach Israel war die latente Anwesenheit und das Wiedererwachen des Antisemitismus. Die Angst, daß der Neonazismus wieder aufkommen könnte, ließ uns vor zehn Jahren nach Israel kommen. Wir sind keine Holländer mehr, sondern haben nun die israelische Staatsbürgerschaft.

Als wir herkamen, fragte man uns: »Wo wollen Sie hingehen?«

»Nach Galiläa«, sagte ich.

Man hätte uns aber gar nicht erst fragen müssen, weil es dort keinen Wohnraum gab. Man sagte uns: »Wir haben nur Häuser in der Negev.« Also gingen wir in die Negev. So kamen wir nach Beerscheba.

Wir waren die ersten, die in diesem neuen Bezirk einzogen. Wenn wir aus dem Fenster sahen, konnten wir Kamele mit Beduinenjungen auf dem Rücken sehen, und manchmal war die Tür versperrt von Schafherden, die von Beduinenmädchen gehütet wurden.

Leider ist das alles jetzt wegen der nötigen Expansion verschwunden. Wir finden die Atmosphäre hier sehr gut: die Offenheit der Menschen und die Einheit untereinander. Vielleicht ist das so, weil das hier kein Geschäftszentrum wie Tel Aviv ist, wo jeder es eilig hat und schnell ins Büro muß. Dort hat man viel weniger Zeit für soziale Kontakte.

Wenn ich hier durch die Stadt gehe, grüßt mich jeder, aber das ist normal, weil ich hier schon über zehn Jahre lebe. Ich werde gefragt: »Wie geht es Ihrer Familie? Ist alles in Ordnung?« Das ist sehr nett und angenehm.

Ich arbeitete erst einige Jahre als Ergotherapeut, bevor wir das taten, was wir jetzt machen. Außerdem haben wir jetzt zwei Kinder mehr.

Vor fünf Jahren weckte mich Esther mitten in der Nacht und sagte: »Ich glaube, ich hatte eine Botschaft vom Herrn.« Sie erzählte mir von ihrer Vision, daß wir unser Haus für Menschen in Not öffnen sollten.

Zuerst war ich gar nicht begeistert, als ich da mitten in der Nacht geweckt wurde, und ich fand es auch nicht sonderlich anziehend, andere Menschen in mei-

nem Haus aufzunehmen. Ich sagte: »Gut, meine kleine Frau, am Morgen bete ich darüber und bitte den
Herrn, mir das zu bestätigen und mir wenn möglich
ein Zeichen zu geben.«

Das tat ich auch, und ich kam zu dem Ergebnis,
daß wir das wirklich tun sollten. Ich wußte nur nicht,
wie. Wieder bat ich den Herrn um ein Zeichen.

In Beerscheba war an dem Abend um sieben Uhr
eine Bibelstunde. Ich ging vor, weil Esther noch nicht
mit den Kindern fertig war und gesagt hatte: »Geh ruhig vor, ich komme in ein paar Minuten nach.«

Kurz nach Beginn des Treffens kam Esther, um
mich zu holen. Sie sagte: »Du mußt nach Hause kommen. Ein Mann hat an unsere Tür geklopft und um
Hilfe gebeten.«

Ich ging sofort mit ihr heim, und da saß ein
Mann. Ohne weiter nachzudenken, hatte er sich ein
Haus ausgesucht und geläutet, denn er hatte nicht ge-
wußt, was er sonst tun sollte. Er war drogenabhängig,
hatte kein Geld und bat um Obdach. Ich hatte mein
Zeichen sozusagen per Telegramm erhalten.

Dies war unser erster drogenabhängiger Gast,
und er blieb drei Monate lang bei uns, bis er seine
Sucht überwunden hatte.

Wir haben nur drei Zimmer. Unsere älteste
Tochter verzichtet für jeden neuen Gast auf ihr Zimmer, und unsere Jüngste schläft nachts hier im Wohnzimmer. Wir schieben zwei Stühle zusammen, um ein
Bett zu bauen. Übrigens schlafen wir auch im Wohnzimmer. Unser Sohn und unsere älteste Tochter
schlafen im kleinen Zimmer in Etagenbetten.

Unserem ersten drogenabhängigen Gast geht es

mittlerweile wirklich gut, und wir haben regelmäßig Kontakt mit ihm. Auch seine familiäre Lage hat sich gebessert.

Seitdem haben wir weitere Anfragen bekommen, Drogenabhängige aufzunehmen — auch von offizieller Seite. Die sozialen Einrichtungen, die Gesetzeshüter und die Gefängnisdirektoren wissen, daß wir gläubig sind — das haben wir nie verheimlicht — und akzeptieren uns dennoch.

Die israelische Regierung bietet kein soziales Netz wie viele andere Länder. Vieles muß privat organisiert werden. Es gibt einfach kein Geld für Anti-Drogen-Programme. Leider sind wir die einzigen Gläubigen, die Abhängige aufnehmen und für sie sorgen.

Von den 18 Drogenabhängigen, die wir in den letzten Jahren aufgenommen haben, sind 16 jetzt suchtfrei. Zwei mußten wir gehen lassen, weil sie nicht motiviert waren, aber die anderen leben jetzt normal. Im Durchschnitt bleiben sie drei Monate bei uns. In diesen Monaten sind sie ein vollwertiges Familienmitglied, denn das ist unser Programm. Durch die Sucht sind sie völlig disziplinlos. In jeder Familie muß es Regeln geben: zu einer bestimmten Zeit aufstehen, drei Mahlzeiten am Tag, und so weiter. Wenn sie in der Familie leben, haben sie wieder einen festen Tagesablauf.

Seit wir in Israel ankamen, ist unser geistliches Leben um 100 % reicher geworden. Wir ließen uns hier im Jordan taufen. Dieser Tag war unvergeßlich. Wir hatten die besondere Absicht, hier ein völlig neues Leben im Dienst des Herrn anzufangen. Ich

würde fast sagen, wir haben die Vergangenheit abge-
waschen und uns völlig neu geöffnet. Seitdem haben
wir die Arbeit getan, die der Herr uns gegeben hat.

Hier in Beerscheba gibt es eine kleine Gemeinde
messianischer Juden, einige gläubige Araber und ein
paar Gläubige anderer Nationalitäten. Wir treffen uns
jeden Samstag zum Gottesdienst. Außerdem haben
wir einmal in der Woche Bibelstunde.

Dann ist da auch noch Jossy, unser Adoptivsohn.
Diesen Monat wird er vier. Er kam gesund zur Welt,
aber mit sechs Monaten verschluckte er sich an einer
Flasche Wasser. Als das passierte, war seine Mutter
nicht zu Hause. Als sie heimkam, fand sie ihren Sohn
klinisch tot vor.

Das Kind wurde im Krankenwagen ins Krankenhaus gebracht, was eine halbe Stunde dauerte, und
dort konnte man ihn wiederbeleben, aber sein Gehirn
war stark geschädigt. Er war vollkommen gelähmt.

Als seine Eltern das hörten, wollten sie ihn nicht
mehr haben. Er war blind, taub und gelähmt. Er
konnte nicht mehr schlucken und mußte künstlich er-
nährt werden. Seine Eltern ließen ihn da, sie wollten
so ein Kind nicht haben. Ein Sozialarbeiter aus dem
Krankenhaus erzählte uns davon, und wir beteten
und fragten den Herrn, was wir tun könnten.

Am nächsten Tag sprachen wir im Krankenhaus
vor: »Hören Sie, wir wollen diesem Kind ein Haus voller Liebe und Wärme geben.« Und so kam Jossy zu
uns.

Wir sind dem Herrn für dieses Kind sehr dankbar. Sein Zustand hat sich definitiv gebessert, seit er
bei uns ist. Er muß alle zwanzig Minuten mit 20 ml

Flüssignahrung gefüttert werden, die er durch ein Nasenröhrchen bekommt.

Wegen seines Hirnschadens wächst er nicht und nimmt auch nicht zu. Aber wie Sie sehen, kann er jetzt die Arme bewegen. Seit einiger Zeit hört er auch etwas. Er sieht den Unterschied zwischen hell und dunkel, aber mehr sieht er wohl nicht.

Schauen Sie, jetzt bewegt er die Arme. Zuerst konnte er das nicht.

Wir sind sicher, daß Gott einen Plan für dieses Kind hat. Ein Kind, das klinisch tot war und nach über einer halben Stunde wieder ins Leben gerufen wurde — und sich langsam erholt! Und das nicht durch die Technik im Krankenhaus, sondern hier zu Hause, und vor allem durch den Heiligen Geist.

Jossys Leben hat seinen Sinn. Wir empfinden es als Segen, daß wir durch unsere Liebe zum Messias für ihn sorgen können. Vielleicht ist Liebe das einzige, was er spüren kann. Obwohl er nichts hört und sieht, empfindet er unsere Liebe.

Esther arbeitet halbtags im Altenheim. Das ist unsere wichtigste Einkommensquelle. Das Durchschnittsgehalt hier beträgt 850 Schekel im Monat, aber Esther arbeitet nur vormittags und nur manchmal am Nachmittag. Und alles wird teurer. Wir bekommen keine Unterstützung für unsere drogenabhängigen Gäste, wie ich sie nenne. Wir teilen alles mit ihnen: was wir haben und worauf wir verzichten müssen; sie teilen unser Leben.

Wie Sie sehen, bin ich Maler. Ich habe diese Bilder von Jerusalem gemalt und zwei Bücher illustriert, ein Buch mit Geschichten über das Passafest und ein

Kinderbuch. Ich hatte schon einige Ausstellungen, aber das ist natürlich kein geregeltes Einkommen. Man könnte uns wirklich als arm bezeichnen.

Fühle ich mich als messianischer Jude? Nun, ich war jüdisch genug, um von den Nazis verhaftet zu werden und um hier leben zu dürfen. Als ich ein Junge war, sagte meine Mutter immer, daß wir Juden seien, aber nicht religiös.

Deshalb wußte ich, daß wir Juden waren, aber ich wußte eigentlich gar nicht, was das bedeutet. Wenn ich sie das fragte, sagte sie: »Weißt du, mein Sohn, das kann ich dir nicht erklären; das hast du in dir, das liegt dir im Blut.« Ich bekam nie eine richtige Erklärung. Wenn Sie mich nun fragen, ob ich mich als messianischen Juden sehe, muß ich mich erst fragen: »Was ist ein Jude?« Ich weiß, daß ich eine jüdische Mutter habe, was nach dem jüdischen Gesetz bedeutet, daß ich als Jude gelte. So wie Yeshua, der von einer jüdischen Mutter auf die Welt gebracht wurde. Ich bin sein Nachfolger. Er hat mich Mitleid gelehrt. Gott wird ein geknicktes Rohr nicht abreißen, »und den glimmenden Docht wird er nicht auslöschen« (Jes 42,3).

II.

Fabio,
der Musiker

Im Dorf Isfia, eine halbe Stunde mit dem Auto von Haifa entfernt, treffen sich die Gläubigen in der Herberge Stella Carmel.

Ich trete ein und höre oben Gesang. Ich steige die Treppe hoch und sehe einen kleinen Saal voller Erwachsener und Kinder. Der Boden und die Wände sind aus Stein, und der Widerhall der Musik und des Gesangs wehen mich fast um.

In dieser Versammlung spielt Fabio eine wichtige Rolle. Er sitzt am Klavier, ein junger Mann mit einem sensiblen Gesicht, der die Bewegung des Geistes »fühlt«. Er spielt leise, wenn es Zeit ist, »auf den Herrn zu warten«, und er spielt laute Akkorde, wenn sich die Stimmen erheben, um den Sieg Gottes über alle Feinde zu verkünden.

Gott hat ihn und Marilyn, die auch Musikerin ist, aus Südamerika gerufen, um Teil seiner Heerschar im Land Israel zu sein.

Mein Vater kam mit drei Jahren aus Polen nach Argentinien. Meine Mutter wurde in Argentinien geboren, aber ihre Großeltern kamen auch aus Polen. Mein Vater war Schneider.

Als er nach Argentinien kam, wurde sein polnischer Name Jelska in Jelski geändert, aber das machte ihm nichts aus.

Meine Familie gehörte zur Mittelklasse, und ich hatte ein paar jüdische Freunde. Mit einigen sprach ich über Gott, nicht nur über die jüdischen Feste und Ähnliches, sondern über echte geistliche Themen. Schon damals suchte ich. Ich fühlte mich als Kind unsicher und oft ängstlich.

Meine Schwestern heirateten, und ich blieb allein zu Hause. Für mich war das kein großer Unterschied; ich hatte einfach mehr Platz.

Glücklich war ich nicht. Tief im Herzen hatte ich ein Gefühl der Traurigkeit, mit dem ich nicht fertig werden konnte.

Als ich sieben war, starb die Mutter meiner Mutter. Das ging mir sehr nahe, weil sie bei uns gewohnt hatte. Ich hatte sie jeden Tag gesehen, und plötzlich war sie weg.

Ich dachte oft über den Tod nach. Was ist Tod? Warum werden wir von unseren Lieben getrennt? Ich erinnere mich, daß ich nachts aufwachte und meine Mutter rief. Sie kam und setzte sich an mein Bett. Ich sagte zu ihr: »Mutti, ich möchte nicht sterben.« Und meine Mutter sagte: »Kind, du wirst nicht sterben.« Meine Mutter war nicht gläubig, aber diese Worte von ihren Lippen beeindruckten mich sehr. Ich dachte darüber nach und wollte wissen, wie ein Mensch leben konnte, ohne zu sterben.

Ich las alle möglichen Bücher, und besonders interessierten mich philosophische und religiöse Bücher. Ich erinnere mich, daß ich an meinem zwölften

Geburtstag mit einem Freund über Philosophie diskutierte.

Ich lernte Klavier am Konservatorium in Buenos Aires und wollte Klavierlehrer werden. Als ich im Konservatorium fertig war, begann ich mich für Rock, Jazz und Aufnahmeverfahren zu interessieren. So landete ich in der Welt der Rockmusik, der Studios und der Plattenaufnahmen.

Schon früh kam ich mit Drogen in Kontakt. Ich muß dreizehn gewesen sein, als ich die ersten Erfahrungen mit Marihuana machte.

Die Welt der Musik, der Kunst und der Drogen war für mich ein Religionsersatz. Ich kam in Berührung mit weißer Magie, Agnostizismus, dem Vierten Weg, östlicher Mystik und anderen. Ich las alle möglichen Bücher über verschiedene Religionen und Kulte.

Und so bekam ich ein Neues Testament in die Hand und las das Wort Yeshuas. Trotz meiner geistlichen Verwirrung begriff ich, daß Yeshua nicht auf einer Ebene wie Buddha oder Mohammed stand. Yeshua war anders. Er war mir näher als die anderen Götter. Er war eine Art Freund, aber das war doch unmöglich, da ich Jude war. In mir begann ein gewaltiger Konflikt.

Zu Hause feierten wir die jüdischen Feste wie *Rosch Haschana,* wir feierten *Jom Kippur* und sangen an *Passa* die Lieder und hielten uns an die Tradition. In unserem Haus war für Yeshua kein Platz. Es war nicht verboten, über ihn zu sprechen, aber keiner tat es. Er war jemand, der nicht in unser Leben gehörte. Wir haßten die Christen nicht, aber zwischen ihnen und uns war ein gewaltiger Abstand.

Ich dachte auch, daß Yeshua nicht der Messias

sein konnte, weil mir das alles zu einfach schien. Er sagte: »Wenn ihr zu mir kommt, bringe ich euch zum Vater.« Das war mir zu simpel. Ich hatte schon die kompliziertesten philosophischen Bücher gelesen, und der Gedanke, daß Yeshua mir das ewige Leben gab, wenn ich an ihn glaubte, war zu kindisch. Aber tief im Herzen war ich schon von meiner Sündhaftigkeit überzeugt. Ich wußte, daß ich nach Rechtfertigung suchte. Ich wollte eine hohe geistliche Ebene erreichen, damit ich Gott gefallen konnte. Deshalb machte ich viele Joga-Übungen, die mich zu der Ebene bringen sollten, wo ich Gott finden konnte.

Ich glaubte, daß Yeshua etwas für die Armen und Unwissenden war. Selbst das Wort »Sünde« gehörte nicht in meine Zeit, sondern zu der meiner Großmutter. Verstehen Sie mich? Sünde war kein Wort meiner Generation. Sünde war etwas Altes, die für einen modernen Menschen nicht mehr existierte.

Ich probierte mit Kokain herum und sank immer tiefer. Schließlich begann ich selbst, damit zu handeln. Ich nahm gerade genug, um »high« zu werden, aber nicht zu viel, weil ich meine Arbeit als Aufnahmetechniker machen mußte und außerdem bei Konzerten in Buenos Aires spielte.

Mein Wahrnehmungsvermögen wurde eingeschränkt, so daß ich die Gefahren nicht mehr erkannte. Ich ruinierte meinen Körper und meine Seele. Mein Nervensystem nahm Schaden. Ich trank viel, spielte die ganze Nacht Rockmusik, schlief mit so vielen Mädchen, wie ich wollte, und dachte: »Das ist Freiheit« und merkte nicht, daß ich ein Sklave der Sünde geworden war.

Zwischenzeitlich suchte ich weiterhin nach der Wahrheit, nach Gott. Ich war nie ein Atheist. Ich glaubte immer noch, daß es einen Gott gab, auch wenn er weit entfernt von mir war. Yeshua stand mir etwas näher. Yeshua war wenigstens ein Mensch gewesen; als er auf der Erde war, hatte er so wie ich gesprochen. Aber ich konnte seine Lehre nicht akzeptieren — sie war zu einfach.

Ich machte einen Kurs an der Schule für Selbsterfahrung, um meine Wahrnehmung zu verbessern. Seltsamerweise gaben sie mir auf, das Alte und das Neue Testament zu lesen. Sie sagten: »Da gibt es so viele Geheimnisse, finde heraus, was wahr ist.«

Dieser Kurs machte mich impotent. Er griff mich körperlich und vor allen Dingen geistig an und verwirrte mich noch mehr. Ich konnte nichts oberflächlich betrachten, ich mußte mir 24 Stunden am Tag klar machen, wer ich war. Meine Lehrer wollten, daß ich mich ständig fragte, wer ich war, wie ich im Verhältnis zum Universum stand. Wenn ich zum Beispiel den Kopf in die Hände stützte, mußte ich jede Muskelbewegung nachvollziehen und mir bewußt machen.

Ich war in der Welt von Tod und Satan gelandet. Tief im Innern wußte ich selbst, daß ich Schluß machen mußte, aber ich konnte nicht. Ich wußte, daß diese Dinge nicht von Gott kommen konnten. Aber Gott ließ es zu, daß ich in die Sackgasse rannte.

Eines Abends wurde ich wütend über diese Lehren und verbrannte alle meine Bücher. Ich hatte mehrere Werke über Mystik, die recht wertvoll waren, aber sie belasteten mich, und ich brachte alle meine Bücher aufs Dach und verbrannte sie dort. Ich war wütend, weil diese Bücher mir mein Sexualleben genommen hatten. Ich haßte Gott und überhaupt jeden. Mein *karma* schien es, fern von Gott zu sterben. Ich wußte nicht, wie ich mit Gott in Kontakt kommen konnte. In meinem tiefsten Herzen war ich jüdisch. Ich lebte in einem katholischen Land und war gerade Jude genug, um unglücklich zu sein, aber nicht genug, um Kraft daraus zu ziehen.

Ich erinnerte mich, daß ich als Kind Geschichten von Mose, Abraham und David gehört hatte. Ich war stolz gewesen, zu diesem heiligen Geschlecht zu gehören. Aber wo war diese heilige Kraft, die Israel früher geführt hatte? Ich wußte, daß die Patriarchen keine gewöhnlichen Anführer gewesen waren, sondern daß sie in besonderer Beziehung zu Gott standen. Sie bekamen von ihm die Kraft, Wunder zu tun.

Ich hatte einen jüdischen Freund, Mika, der zu Hause ein Tonstudio hatte. Wir übten jede Woche, und später traten wir gemeinsam auf. Er las die Bibel. Er, ein Jude, las das Neue Testament! Auch er suchte Gott, und wir redeten gemeinsam über dieses Thema, meistens in den frühen Morgenstunden. Manchmal lasen wir gemeinsam in der Bibel.

Ich beschloß, zu ihm in die Arribenosstraße zu ziehen. Mehr Leute kamen hin, und wir gründeten eine Art Kommune. Es waren hauptsächlich junge Musiker, die auch Gott suchten. Wir versuchten, Gott durch die Bibel zu finden. Wir lasen die Bibel gemeinsam, ohne viel zu verstehen. Wir sprachen auch eine Art Gebet: »Gott, wir glauben, daß die Heiligen

Schriften von dir kommen, und wir bitten dich, uns zu zeigen, wer du bist.«

Wir nahmen Drogen und lebten im Durcheinander und in geistlichem Chaos, aber ich hatte immer meine Bibel dabei. Ich glaubte auch, daß Yeshua auf die Erde gekommen war, aber nicht für die Juden. Mein Freund hatte eine Theorie: »Gott zeigt sich den Juden direkt; sie brauchen keinen Mittler wie Yeshua. Die Heiden brauchen Yeshua.« So kümmerte ich mich nicht um Yeshua.

Die Monate vergingen. Ich arbeitete hart in den Tonstudios, nahm Kokain und fühlte mich immer schlechter. Die revolutionären Ideen, die ich über Kunst äußerte, konnten meine innere Leere nicht verbergen. Wenn ich durch die Straßen ging, sah ich all die Menschen mit ihren Kindern — die Menschen der Zukunft. Sie lebten, um das Leben zu genießen. Diese Kinder würden durch die Erziehung und Ausbildung so geformt werden wie ihre Eltern, und sie würden für sich leben. Ich lehnte mich dagegen auf. Ich rief: »Wir wollen Spaß haben und uns befreien.« Aber ich war mehr Sklave als sie.

Dann bekam ich die Möglichkeit, nach Israel zu reisen. Ein Freund in Israel schrieb, daß er mich gerne einmal wiedersehen wolle. Zu der Zeit lebte ich praktisch im Aufnahmestudio. Manchmal schlief ich nur eine Stunde am Tag. Ich war zu dem Schluß gekommen, daß es nur eine Möglichkeit gab, sich von der Welt von Drogen, Alkohol und Sex zu befreien: Ich mußte Argentinien verlassen. Vielleicht würde es mir guttun, alles zurückzulassen und nach Israel zu gehen.

Ich spielte Klavier, Keyboard und Schlagzeug in einer Band. Wir traten bei verschiedenen Konzerten auf und verwandelten sie in eine betäubende Show.

Omar Zaltron, der Freund eines Kollegen, kam zu einem dieser Konzerte. Wir luden ihn ein, danach mit uns noch auf ein Glas in die Arribenosstraße zu kommen. Als er eintrat, sah er die Bibel auf dem Küchentisch liegen und fragte: »Hey, lest ihr hier die Bibel?«

Ja, das taten wir.

Er sagte: »Wißt ihr, was die Bibel über wirkliche Freiheit sagt?« Und er begann zu erklären, wie Yeshua seine heilige Aufgabe erfüllte, die ganze Welt zu retten.

Ich dachte: »Der Kerl ist verrückt. Er weiß nicht, wovon er spricht.« Aber andere in der Kommune hörten ihm zu. Wir fragten Omar, wo er in den letzten Jahren gewesen sei, und er erzählte, er sei auf einer Bibelschule gewesen, um Prediger zu werden. Das war zu verrückt, um wahr zu sein! Auch er hatte Drogen genommen, war mit der Gesellschaft uneins gewesen, und nun war er ein Teil des Systems geworden.

Omar besuchte uns weiterhin und erzählte uns immer mehr über Christus. Er erklärte uns, daß Gott eine Beziehung zu uns haben will und daß er uns Frieden geben möchte. Yeshua war das makellose Opfer, auf das die Juden warteten.

Ich fing an, aufmerksam zuzuhören. Das war gefährlich, denn wenn ich diesen Gedanken nachgab, würde das meine ganze Welt auf den Kopf stellen.

Langsam festigte sich der Gedanke in mir, daß Yeshua der Retter Israels sein könnte. Aber wenn ich das glaubte, würde ich meine Familie und meine Kultur verraten.

Für mich war Yeshua nur eine Figur gewesen, die in einer christlichen Kirche an der Wand hing. Ich erkannte eine Gemeinsamkeit zwischen dem Judentum und dem Katholizismus: die leeren Gottesdienste und das Lob aus kaltem Herzen.

Noch einmal kam Omar zu uns und sprach mit einigen der jungen Leute, die bei uns lebten. Sie waren so beeindruckt, daß sie Yeshua annahmen und sich taufen ließen.

Dieser »einfache Weg« näherte sich mir also, und ich wollte nichts damit zu tun haben. Allerdings spürte ich auch überdeutlich, wie groß die Distanz zwischen Gott und mir war. Aber der »einfache« Yeshua war noch zu schwierig für mich.

Marilyn und ich teilten ein Zimmer, und sie war eines der Mädchen aus unserer Kommune, die Yeshua angenommen hatten. Sie unterrichtete Musik, war eine ausgezeichnete Klavierspielerin und eine gute Sängerin. Sie machte gleich Schluß mit unserem Zusammenleben. Sie konnte nicht erklären, warum. Sie sagte nur: »Gott findet es nicht richtig, wie wir hier zusammenleben.«

Ich wurde wütend und fragte: »Was ist mit mir nicht in Ordnung?« Ich dachte, ich hätte etwas falsch gemacht. Ich verstand es nicht, sie aber auch nicht.

Bevor ich fuhr, hatten wir eine Abschiedsparty, aber die war ziemlich trübsinnig. Wir alle wußten, daß unser Leben nicht in Ordnung war: Wir tranken viel und gingen miteinander ins Bett. Die Veränderungen begannen schon.

Ich verließ Argentinien und dachte über meine engsten Freunde nach, die plötzlich an Yeshua glaubten.

Ich kam in Israel an und ging direkt nach Jerusalem. Ich ging durch die Straßen Zions und weinte. Ich wußte nicht, warum. Vielleicht gab es ja einen mystischen Geist in Jerusalem, der das Gefühl beeinflußte. Ich verstand nicht, warum ich den ganzen Tag weinen mußte.

Ich öffnete die Bibel und las: »Es möge Friede sein in deinen Mauern« (Ps 122, 7). Ich aber fühlte mich unwürdig, in diesen Mauern zu sein. Ich dachte: »Dies ist Gottes heiliger Berg, und ich bin schlecht und unrein.« Mir war klar, daß ich auf heiligem Boden stand in der Stadt, die er für sich selbst gebaut hatte. Ich weinte, als ich Davids Grab und den Olivenhain besuchte.

Im kleinen Park auf dem Berg Zion, wo starke Winde die Bäume gebeugt haben, so daß sie sich in Richtung des Tempelplatzes neigen, setzte ich mich nieder. Es war kalt, naß und windig, und eine Gruppe von Studenten ging vorüber. Plötzlich wurde mir klar, daß Gottes Gnade mich schon mehrmals beschützt hatte.

Als ich in der Welt der Drogen gelebt hatte, hatte die Polizei einmal eine Razzia durchgeführt und mein Zimmer nach Drogen durchsucht, aber mir war die Flucht durch eine Hintertür gelungen. Ich fragte mich: »Wer hat mich vor dem Gefängnis beschützt? Wer ist der Gott, der seine Hand über mein Leben hält?« Ich konnte nicht aufhören zu weinen und fühlte: »Dies ist die Kreuzung in meinem Leben.«

Den ganzen Morgen lief ich weinend durch die Altstadt. Die Leute starrten mich an, weil ich laute Selbstgespräche führte. Die ganze Zeit stieg ein Gebet aus tiefstem Innern hoch: »Gott, warum hast du mich hergebracht? Ich bin so unwürdig, hier zu sein.«

Marilyn, diese wunderbare Frau, die ich in Argentinien zurückgelassen hatte, hatte mir geschrieben und erzählt, wie Gott ihr Leben und das meiner Freunde veränderte, wie Yeshua angefangen hatte, zu ihnen zu sprechen, welch wundervolle Dinge der Heilige Geist in ihrem Leben tat. Vieles hatte sich im Haus in der Arribenosstraße in Buenos Aires verändert. Meine Freunde erfuhren alles mögliche, während Gott ihr Leben immer gründlicher veränderte.

Sie schickte mir ein Buch über den jüdischen Messias und wies auf Prophetien im Alten Testament hin, die auf Yeshua deuteten. Ich verglich diese Texte aus dem Alten Testament mit dem Neuen Testament und mußte zugeben, daß sie paßten. Die Teile des Puzzles kamen zusammen.

Ich zog in einen Kibbuz bei Jerusalem, Ramat Rachel; ich lebte im Gästehaus und besuchte den *ulpan*, um Hebräisch zu lernen.

Aber ich vermißte meine Freunde in Argentinien immer stärker. Ich wollte sie sehen und von ihnen hören, was passierte. Ich wußte, daß sie etwas hatten, was mir fehlte und was ich verzweifelt suchte. Ich vertraute ihnen – sie würden nichts verbergen, sie waren keine Heuchler. Wir waren immer offen und ehrlich zueinander gewesen. Wenn sie keinen Frieden und keine Freude in Gott gefunden hätten, würden sie mir das sagen, denn sie würden mich nie anlügen.

Eine Woche später, es war im April 1983, fuhr ich zu einem Kibbuz bei Akko, wo Verwandte von mir lebten. Ich ging zum Strand bei Akko und sah, wie die Sonne langsam im Mittelmeer versank. Ich setzte mich auf einen Felsen und las wieder meine Bibel.

Der Römerbrief war mir immer unverständlich gewesen; nie hatte ich etwas begriffen, aber jetzt las ich Römer 11, 11, wo steht, daß Gott die Heiden erretten wird, damit die Juden ihnen nacheifern. Ich war eifersüchtig auf meine Freunde in Argentinien. Die meisten waren keine Juden, aber sie beteten meinen Gott an, den Gott Abrahams, Isaaks und Jakobs, und sie kannten ihn besser als ich.

Nach fünf Monaten in Ramat Rachel bekam ich ein Zimmer im Haus einer lesbischen Leiterin der Frauenbewegung, die ich im *ulpan* getroffen hatte. Dort mußte ich schreckliche Theorien anhören, und jeden Abend sahen meine Augen dort scheußliche Dinge. Tief in mir wußte ich, daß ich dasselbe wollte wie meine Freunde in Argentinien. Mein ganzes Wesen wollte von neuem geboren werden.

Ich las die Bibel und suchte die Wahrheit, aber dann versuchte ich wieder, alles zu verdrehen, damit ich unbesorgt mein sündiges Leben weiterführen konnte. Ich nahm immer noch Drogen und spürte keine Kraft in mir, wichtige Veränderungen in meinem Leben vorzunehmen.

Ich dachte jetzt wirklich, daß es keine Hoffnung mehr für mich gab und daß ich für immer verloren war. Drogen bereiteten mir kein Wohlgefühl mehr, selbst die Parties waren mir nichts mehr wert. In Israel kann man völlig verloren sein.

Ich wußte, daß ich als Jude geboren war, und suchte meine jüdischen Wurzeln. Was bedeutete das für mein Leben? Warum tat Gott für meine Vorfahren alle diese Wunder? Mir wurde immer bewußter, daß ich ein Jude war. Was in mir versteckt gewesen war, kam deutlich an die Oberfläche: »Du trägst Verantwortung. Du hast der Welt etwas zu sagen.« Ich wußte nicht, was ich der Welt sagen sollte. Das Gesetz war zu kompliziert, um es der Welt zu verkünden. Was sollte meine Botschaft sein?

Ich saß allein in Jerusalem und war verwirrt. Mit meinem Freund hatte ich mich wegen Geld überworfen, und ich suchte Arbeit. Ich war noch nie so allein gewesen.

Ich fuhr nach Eilat und nahm eine Stelle an. In einem Hotel reinigte ich die Toiletten. Wenigstens verdiente ich etwas.

Ich las das Johannesevangelium, in dem Yeshua denen ein neues Leben verspricht, die zu ihm kommen. Yeshua sagte, daß ich durch Wasser und Geist geboren werden müsse. Genau danach sehnte ich mich. Ich hatte mein halbes Leben danach gesucht — nach der Möglichkeit, neu anzufangen, eine Wiedergeburt zu erfahren, ein anderer Mensch zu werden. Gottes Prophet Yeshua bot den Weg zu Gott an.

Ich hatte so oft nachts in meinem Bett gelegen, die Decke angestarrt und zu Gott gesagt: »Warum wurde ich als Fabio geboren? Warum nicht als Richard, Robert oder sonstwer? Warum habe ich dieses Leben bekommen, die schrecklichen Enttäuschungen und die Einsamkeit, die mich überall verfolgt? Warum kann ich nicht jemand anders sein, Gott?

Warum bekomme ich keine neue Chance?« Wie oft hatte ich so gebetet und mir einen neuen Beginn gewünscht. Und hier stand es schwarz auf weiß vor mir. Yeshua sagte, daß ich wiedergeboren werden müsse.

Als ich nach Jerusalem zurückkam, versuchte ich, über diese beiden Dinge nachzudenken: daß ich eine Wiedergeburt brauchte und daß ich eifersüchtig auf die Heiden war, die ihn gefunden hatten. Aber Jerusalem war wieder einsam. Ich traf nur einige Mädchen im Café und einen Drogenhändler.

Am Sabbat ging ich aus der Stadt, um mich auf einen Berg mit Aussicht auf die Stadt zu setzen, und ich betete. Ich sagte Gott, daß ich sein Wort glauben wollte. Ich sagte: »Yeshua, ich weiß, daß du der einzige bist, der mich zu Gott bringen kann. Ich erkenne dich als Messias an. Nach allem Lesen und Suchen verstehe ich, daß nur du mich retten kannst. Dein Blut ist das Blut der Versöhnung, das jüdische Opfer, um meine Seele zu reinigen. Komm, Messias, und verändere mein Leben, denn ich kann Gottes Anforderungen nicht genügen. Gott, hilf mir, und gib mir ein neues Leben.«

Ich ging zurück zu meinem Zimmer und wachte am nächsten Morgen mit den selben Rückenschmerzen auf, die ich jeden Tag hatte. Die Füße taten mir noch weh, und ich fühlte mich schrecklich. Ich dachte: »Muß das neue Leben so beginnen?« Außerdem hatte ich ziemliche Geldsorgen. Ich hatte eine Stelle in einem Aufnahmestudio in Tel Aviv, aber ich verdiente nie genug.

Ich mußte noch lernen, daß mein geistliches Leben zwar neu begonnen hatte, daß aber andere Dinge sich nur langsam ändern würden. Später gab der Herr mir auch körperliche Gesundheit, aber zuerst veränderte er meine Seele und meinen Geist. Ich mußte lernen, das im Glauben anzunehmen. Ich war wie ein Baby und brauchte dringend eine Familie. Ein Baby kann sich nicht selbst die Windeln wechseln oder füttern. Und ich beschmutzte meine Seele noch so leicht.

Aber etwas hatte sich verändert. Die größte Veränderung, die ich selbst bemerkte, war, daß ich nicht mehr in Bars gehen und Drogen nehmen wollte. Früher war es eine Herausforderung gewesen zu wissen, daß ich gegen Gottes Willen handelte. Aber das brauchte ich nicht mehr.

Die Einsamkeit schmerzte mich nicht mehr. Ich genoß es sogar, mit Gott allein zu sein. Ich fühlte mich sicher. Gott war bei mir. Er saß mir gegenüber und sprach mit mir. Was er sagte, berührte die Tiefe meines Herzens. Ich sah, daß ganz Jerusalem auf die Wiederkunft des Retters wartete. Ich ging durch die Straßen und betete fortwährend: »Komm jetzt, Herr, komm jetzt, Herr.«

Ich glaubte, daß ich der einzige Jude in ganz Israel war, der an Yeshua glaubte. Deshalb sprach ich mit jedem über meinen Glauben. Mir war nicht klar, daß man dadurch Schwierigkeiten bekommen konnte. Das war mir auch egal; ich mußte den Menschen sagen, daß Yeshua der Messias war.

Ich besuchte meine Verwandten im Kibbuz bei Akko und erzählte ihnen, daß ich festgestellt hatte, daß Yeshua der Messias ist. Sie lachten, aber ich sagte: »Ich meine das im Ernst, das steht wirklich in der Bibel.«

Im Bus sprach ich mit den Leuten und erzählte ihnen dasselbe. Ich wollte jedem in Israel erzählen, was ich entdeckt hatte.

Mir war nicht klar, daß das Verfolgung bedeuten kann. Dies war so wichtig für Israels Zukunft, daß jeder es hören mußte. Manche lachten mich aus, andere sagten schreckliche Dinge zu mir, aber einige waren interessiert.

Da ich jetzt gläubig war, wollte ich meine Schulden zurückzahlen. Ich nahm den Bus nach Eilat und fand Arbeit in einem Hotel. Außerdem spielte ich hier und dort in kleinen Bands mit. Nach zwei Monaten hatte ich genug verdient, um meine Schulden zurückzahlen zu können.

Eines Tages war ich im Friedens-Café, wo die jungen Leute Bier tranken. Einer fragte mich nach meiner Adresse. Ich nahm meine Tasche, öffnete sie, und er sah meine Bibel. Überrascht fragte er: »Hey, liest du die Bibel?«

Ich sagte: »Ja, ich lese die Bibel und glaube, was drinsteht.«

Er fragte: »Kennst du den verrückten John? Das ist ein Holländer, der manchmal herkommt und über Yeshua spricht. Er hält ganz nette Treffen mit kostenlosem Essen ab. Du kannst einfach Freitag abend zu ihm kommen.« Und er schrieb mir die Adresse von John Pex auf.

Ich ging zurück zu meinem Zimmer im »Sing Sing«. Das war eine Herberge mit Gittern an den Fenstern, wie im Gefängnis. Alle in Eilat nannten das Gebäude »Sing Sing«. Irgendwie lebten dort auch viele Gefangene — Menschen, die in der Sünde gefangen waren.

Ich wohnte dort mit einem Mädchen aus Deutschland. Sie arbeitete im selben Hotel und suchte auch nach Gott. Aber sie wollte ihn in östlichen Büchern, in der Reinkarnation und ähnlichem finden.

Ich mußte diesen verrückten John treffen und mit ihm über Gott und Yeshua reden. Innerlich brannte ich, weil ich so viel mit Gott erlebt hatte, aber ich hatte so viele Fragen über den Messias, die Bibel, das Neue Testament und so weiter. Die einzigen Informationen über Gott bekam ich in den Briefen aus Argentinien. Aber zwischen den einzelnen Briefen lagen Wochen, und ich brauchte jetzt sofort Antworten.

Ich verließ also das Chaos im »Sing Sing« und suchte den verrückten John. Ich fand das Haus, klopfte an, und ein Mann mit kurzen blonden Haaren und einem goldenen Bart sagte laut: »Herein!« Ich öffnete die Tür und sah ein Licht, wie ich es noch nie gesehen hatte. Das war das Licht des Messias. Johns ganze Familie und ihr Umgang miteinander verbreiteten dieses Licht.

John ist ein holländischer Seemann, der nach Eilat kam, um als Hippie am Strand zu leben. Dann fand er den Herrn und begann mit seiner amerikanisch-jüdischen Frau Judy, erfolgreich zu evangelisieren.

Ich trat ein, setzte mich aufs Sofa und sagte: »Ich bin ein Jude, der festgestellt hat, daß Yeshua der Messias ist.«

Ihnen standen die Münder offen. In Israel kommt es nicht oft vor, daß jemand ins Zimmer tritt und erzählt, daß er ein Jude ist, der an Yeshua glaubt und jetzt mehr wissen will. John sagte. »Fang doch von vorne an.«

Ich sah, daß er wissen wollte, was für ein Mensch ich war, weil in Eilat viele komische Typen herumlaufen. Ich erzählte ihm, daß ich wiedergeboren worden war, daß ich mich aber wie ein Baby fühlte und mehr wissen wollte.

John fragte mich: »Warum lebst du in Sünde? So kannst du nicht weitermachen. Du brauchst eine Familie, die mit dir lebt, dich liebt und für dich sorgt.« Er schaute seine Frau Judy kurz an und sagte: »Warum bleibst du nicht bei uns?«

Ich dachte: »Dieses deutsche Mädchen im ›Sing Sing‹ wartet auf mich. Hier sind schon massenweise kleine Kinder. Ich kann nicht auch noch kommen.« So lehnte ich ab und ging wieder ins »Sing Sing«. Am nächsten Morgen ging ich wie immer zur Arbeit.

Am Abend ging ich in mein Zimmer und setzte Kaffee auf. Plötzlich schien das Gebäude auf dem Kopf zu stehen, und ich fiel kopfüber in eine Spirale. Ich wußte, daß Gott zu mir sprach. Das Mädchen saß mir gegenüber und rauchte Hasch. Und ich sagte zu ihr: »So kann ich nicht weitermachen. Das ist nicht Gottes Wille.« Ich war meiner Sünde überführt worden und wußte, daß ich dieser Welt den Rücken kehren mußte. Am vorigen Tag war ich nicht dazu bereit gewesen, aber jetzt haßte ich diesen Ort.

Ich sagte zu dem Mädchen: »Tut mir leid, aber ich gehe weg und wohne beim verrückten John, lese die Bibel und so weiter. Vielleicht komme ich irgendwann zurück.«

Bei John wurde ich wie ein Familienmitglied empfangen. Sie liebten mich, sorgten für mich und gaben mir ein Bett in der succa des Hauses. Ich dachte: »Mal sehen, ob sie immer noch so nett zueinander sind, wenn ich sie 24 Stunden am Tag sehe.« Aber die gute Atmosphäre war Tag und Nacht da — sie war nicht gespielt, sondern echt!

John fragte, ob ich meine Stelle aufgeben wollte, um mehr Zeit für das Bibelstudium zu haben. Das tat ich.

Jeden Morgen beteten wir zusammen und lasen dann die Bibel. Am Nachmittag gingen wir gemeinsam zum Strand und erzählten von Yeshua. Er nahm mich auch an meinen alten Stammplatz, das Friedens-Café, mit, wo wir mit Leuten redeten.

Eines Tages erzählte mir John, daß er nach Sinai wollte, um den Beduinen das Evangelium zu bringen. Er hatte gute Verbindungen mit ihnen geknüpft, und ich konnte mit ihm kommen.

An der ägyptischen Grenze mußten wir kräftig beten, weil wir Kassetten und Bibeln dabei hatten. Aber die Soldaten ließen uns durch.

Während unserer Reise fuhren wir am Strand entlang und ruhten uns dort aus. Auf einmal war ich weg. John fand mich später am Strand, wo ich mit einem hübschen Mädchen Hasch rauchte. Das geschah, weil ich noch viel Bitterkeit in mir hatte und noch nicht wußte, was Freiheit war.

John nahm mich mit und erklärte mir einiges. Er richtete mich nicht. Er lehnte mich nicht ab, aber er erklärte mir sachlich, daß ich falsch gehandelt hatte — nicht, weil ich Regeln und Gesetze gebrochen hatte, sondern weil Gott möchte, daß wir auf unseren Körper achten. Deshalb sollte man nicht solche Dinge tun, wie auf einem Evangelisationseinsatz Hasch mit einem hübschen Mädchen am Strand zu rauchen. Wir lachten sogar darüber. John erzählte so gut, wie er mich gesucht und später am Strand gefunden hatte. Er verstand mich sehr gut, weil es bei ihm früher ähnlich gewesen war.

In der Herberge »Die Zuflucht« trafen sich die messianischen Juden. Ja'acov Damkani und andere jüdische Leiter kamen auf uns zu. In der »Zuflucht«, die nahe bei der Bushaltestelle lag, fand man junge Leute aus der ganzen Welt, die miteinander redeten, kochten, aßen und ihre Bibel in völlig entspannter Atmosphäre lasen. Genau das brauchte ich.

Ich brauchte Menschen um mich. Freie Menschen. Menschen, die in der Hitze des Tages barfuß durchs Haus liefen und nachmittags an den Strand gingen. Es war eine wunderbare Zeit. Ich genoß die Bibelstunden am Morgen, das Evangelisieren am Strand am Nachmittag und die Versammlungen mit anderen Gläubigen am Abend.

Aber ich wollte nicht für immer in Israel bleiben. Diese Unruhe ließ mich meine Sachen packen und auf die Reise gehen. Ich wollte über Griechenland durch Europa nach Holland. Ich kannte einen anderen Musiker, der die Musikschule in Maastricht besuchte, und ich wollte ihn sehen. Außerdem hatte ich Bram und Marieke, ein nettes gläubiges Ehepaar aus Holland, kennengelernt. Und Els, ein Hippiemädchen, die am Strand von Eilat geschlafen und Drogen genommen hatte; auch sie war zum Glauben gekommen.

Ich traf sie in Holland, und sie brachten mich mit christlichen Hardrock-Bands zusammen. Ich war bei mehreren Gospelkonzerten. Für mein geistliches

Wachstum war es gut zu sehen, wie Leute mit meinem Hintergrund zum Herrn kamen. Auf meine eigene Weise gab ich Zeugnis von der Kraft Gottes, die mein Leben verändert hatte.

Ich aber sehnte mich immer stärker nach Südamerika. Nachdem ich Holland, Belgien und Deutschland besucht hatte, nahm ich das Flugzeug nach Brasilien und reiste von dort weiter.

Mika kam die ganzen 2000 km auf dem Motorrad aus Argentinien, um mich abzuholen. Wir waren so froh, einander wiederzusehen. Er war ein anderer Mensch geworden; ich auch. Mika war im Herrn gewachsen.

Wieder in Buenos Aires wohnten wir in einem Haus in der Tronadorstraße, aber alles war ganz anders geworden. Ich leitete Bibelstunden für junge Leute! Wir bildeten eine Hausgemeinde und evangelisierten unter Musikern und Drogensüchtigen. Wir priesen Gott mit unserer Musik.

Und ich traf Marilyn wieder, das Mädchen, mit dem ich früher zusammengelebt hatte. Es dauerte etwas, bis wir uns daran gewöhnt hatten, daß wir beide neue Menschen waren. Vor mir stand eine neue Marilyn. Eine Marilyn, die mit dem Heiligen Geist erfüllt war.

Sie setzte sich behutsam neben mich, legte mir die Hände auf den Kopf und betete, daß der Herr auch mir seinen Heiligen Geist schenken solle. Da brach etwas tief in mir. Ich spürte die Kraft des Heiligen Geistes, so tief, daß ich zuerst anfing zu weinen — dann betete ich. Ich konnte nun wirklich klar sehen.

Danach war ich ein völlig anderer Fabio. Nun kehrte auch unsere Liebe füreinander zurück, und wir wollten offiziell heiraten. Unsere Hochzeit wurde mit der Geburt unseres ersten Sohnes Jeremias besiegelt.

Ein junges Ehepaar, Adriana und Raoul, kam zur Hausgemeinde. Heute leben sie auch in Haifa. Wir kannten uns schon seit 13 Jahren, weil wir am selben Ort aufgewachsen waren.

Marilyn sagte immer wieder und immer deutlicher, daß wir fortgehen müßten. In der Hausgemeinde gab es Spannungen über Lehrmeinungen und ähnliches, aber Gott benutzt alles, um Juden nach Israel zu bringen — manchmal Verfolgung, manchmal politische Schwierigkeiten. Man merkt das nicht immer, aber Gott wirkt lange vorher und trifft Vorbereitungen für Veränderungen in unserem Leben. Als ich in Argentinien angekommen war, hatte ich jedem gesagt: »Ich bleibe mindestens fünf Jahre hier.« Und nach genau viereinhalb Jahren reisten wir ab. Ich hatte Heimweh nach Eilat und Israel. Immer wieder las ich die Briefe, die ich geschrieben hatte.

Ich fragte den Prediger, wo ich hingehen sollte, weil meine Frau Italienerin ist und nach Rom fahren wollte, wo ihre Schwester lebte. Wir dachten auch an die Schweiz, wo ich eine Schwester habe, und sogar an Australien. Der Prediger sagte: »Geht hin, wo ihr eine weit geöffnete Tür findet. Du hast immer alle Türen eintreten wollen. Versuche doch einmal, nichts zu erzwingen. Laß dich ruhig von Gott leiten. Überlasse alles ihm.«

Sie können sich nicht vorstellen, wieviele Wunder von da an geschahen. Als ich beschloß, nach Israel zu gehen, ging alles glatt. Wir kamen in Beerscheba an und bekamen einen Platz im Aufnahmezentrum, wo wir ein Jahr lang Hebräisch lernten. Wir erhielten den Einwandererstatus.

Beerscheba liegt genau zwischen Safad, wo meine Eltern lebten, und Eilat, wo meine Freunde waren. Ich konnte jetzt gut zu den Versammlungen gehen.

Marilyn war wieder schwanger, und Joel wurde als Siegel unseres neuen Lebens in Israel geboren. Ich stellte fest, daß ich nun für eine Frau und zwei Babys verantwortlich war. Ich wollte mich nicht mehr wie ein Hippie vor der Verantwortung drücken. Nachts lag ich deswegen wach, tagsüber sprach ich kaum ein Wort, und die Lage wurde gespannt. Satan flüsterte mir zu, Israel zu verlassen. Es gefällt ihm nicht, daß hier immer mehr messianische Juden leben.

Dann baten mich die Leiter der Elias-Gemeinde in Haifa, den Lobpreis zu leiten und eine Kaffeebar für die Jugend aufzumachen. Außerdem sollte ich bei der Instandhaltung der Gebäude helfen. Sie boten mir ein Haus und ein Gehalt an.

Alle unsere wichtigen Schritte mit dem Herrn wurden durch die Geburt eines Kindes besiegelt. Als wir die Tronadorstraße verließen, erwartete Marilyn Jeremias, als wir nach Israel zogen, erwartete sie Joel, und als wir nach Haifa zogen, erwartete sie Dafna als Besiegelung unseres neuen Lebens durch den Herrn.

Zuerst aber mußte ich Militärdienst leisten. Der Herr nutzte diese Zeit, um mein Herz zu verändern. Ich sah, daß Gott von mir wollte, daß ich in allem ein echter Israeli war, daß ich die Sprache gut lernte und darüber sprach, wie man den Messias findet. Heute arbeite ich in einem Rehabilitationszentrum für Drogensüchtige und andere Leute von der Straße.

Nachdem ich den Messias kennengelernt hatte, fühlte ich mich mehr als Jude. Das Judentum war für mich keine tote Religion mit allen möglichen Bräuchen und Festen mehr. Ich erkannte, daß Gottes Plan für die Welt durch unser Volk vollendet wird.

Yeshua hat mich wirklich jüdischer gemacht. Bevor ich ihn kannte, war ich eine schlechte Imitation eines Juden. Jetzt bin ich ein wirklicher Sohn Abrahams. Aber ich kann auch die Heiden lieben, weil die Trennwand zwischen uns von Yeshua zerschmettert wurde.

Die Juden haben die besondere Aufgabe, die Arche in die Welt zu bringen — die Arche, in der das Brot des Lebens liegt, das Manna vom Himmel: Yeshua.

Es ist meine Aufgabe, ein lebendiges Opfer im lebendigen Tempel zu sein und Gottes Wort in die Welt zu tragen. Alles wartet darauf.

Das Kommen des Messias ist nah, und eines Tages wird er sagen: »Fabio, komm mit mir nach Hause.« Und dann wird dieser Jude mit ihm gehen, weil er ihn schon lange erwartet hat.

12.

Olga,
die junge Frau aus Rußland

Ich lernte Olga Sollertinskaja in Holland kennen. Sie wohnte bei Freunden, die sie hergebracht hatten, um bei einer Fernsehproduktion zu helfen.

Damals lebte sie in Leningrad, im heutigen Sankt Petersburg. Ich erinnere mich an Leningrad: die Ermitage, der frühere Palast aus der goldenen Zeit von Zar Peter, die weiten Straßen und die Statuen aus vergangener Zeit.

Aus dieser Stadt kam also diese junge jüdische Frau. Ihr Leben veränderte sich, als sie machtvoll vom *Ruach Hakodesch* berührt wurde. Sie wurde frei, zwei Jahre vor ihrer *Aliya*. Olgas Vorfahren waren einst aus der ägyptischen Sklaverei in das Gelobte Land, Erez Israel, geführt worden. Dieser Exodus wiederholt sich heute. Hunderttausende Juden aus allen osteuropäischen Ländern werden nach Israel geführt.

Die Parallele zwischen dem früheren Exodus und Olgas Erlebnissen basiert auf der Bibel. Durch Jeremia sagte Gott:

»Darum siehe, es kommt die Zeit, (...) daß man nicht mehr sagen wird: ›So wahr der Herr lebt, der die Israeliten aus Ägyptenland geführt hat‹, sondern: ›So wahr der Herr lebt, der die Israeliten geführt hat aus dem Lande des Nordens und aus allen Ländern, wohin er sie verstoßen hatte.‹ Denn ich will sie zurückbringen in das Land, das ich ihren Vätern gegeben habe. Siehe, ich will viele Fischer aussenden, spricht der Herr, die sollen sie fischen; und danach will ich viele Jäger aussenden, die sollen sie fangen auf allen Bergen und auf allen Hügeln und in allen Felsklüften.« (Jer 16,14-16).

Gott hat durch Jesaja gesagt: »ich will sagen zum Norden: Gib her! und zum Süden: Halte nicht zurück!« (Jes 43,6).

Jeder Exodus bringt Schmerz und Schwierigkeiten mit sich. So war es zu Moses Zeiten, so ist es heute. Tausende sowjetischer Juden mußten gegen die russische Bürokratie kämpfen und monatelang auf ein Ausreisevisum warten.

Ich traf Olga, kurz bevor sie ihren Antrag im Auswanderungsbüro abgeben wollte. Sie wußte nicht, wie sie mit allen Problemen wegen der Ausreise fertig werden sollte, und sie wußte auch nicht, woher sie das Geld für Flugtickets und die übrigen Ausgaben nehmen sollte. Aber sie vertraute Gott.

Direkt vor unseren Augen sehen wir die Erfüllung jahrhundertealter Prophetien. Zuerst kamen einige Dutzend, dann Hunderte und danach Tausende pro Tag. Die »Fischer« sind fleißig damit beschäftigt, die Juden im »Norden« zu fischen, aber gemäß der Prophetie werden auch »Jäger« kommen, die die Juden nach Hause treiben werden. Diese Entwicklungen bringen uns einen Schritt näher an die Wiederkunft des Messias und die »Zeit der Erquickung« (Apg 3,20). In Olga zeigt sich der zweite Exodus.

Es war nicht leicht, nach Holland zu kommen. Ich bin hier wegen der Fernsehdokumentation »Auf Wiedersehen, UdSSR«. Darin beobachten wir eine jüdische Familie, die aus Rußland nach Israel einwandert. Trotz der gewaltigen Veränderungen, die schon stattgefunden haben, muß man noch monatelang um ein Visum kämpfen. Aber vor einigen Jahren war das noch komplizierter.

In Rußland kann man einen Ausreiseantrag nur einmal stellen, deshalb kann ich meinen Antrag auf Auswanderung nach Israel erst stellen, wenn ich zurückkomme. Ich hoffe, daß es nicht zu lange dauert. Einige meiner Freunde haben jahrelang gewartet.

Wenn ich mein Visum habe, werde ich von Moskau nach Budapest oder Prag fliegen und dann einen Charterflug nach Tel Aviv nehmen. Und dann bin ich zu Hause! Im Lande Israel! Einen anderen Reiseweg kann ich mir nicht leisten. Es soll irgendwann einen Direktflug von Leningrad nach Israel geben, aber im israelischen Konsulat kann man noch nichts Genaues sagen.

Ich bin Bibliothekarin und Bibliographin. Ich klassifiziere Bücher auf wissenschaftliche Weise. Ich habe gelernt, ein Buch anhand von Inhalt, Titel, Format, Druck, Erscheinungsjahr und anderen wichtigen Informationen einzuordnen.

Meine Eltern sind beide Ingenieure. Ich habe eine Schwester, die im Juni 1990 nach Israel ausgewandert ist.

Als Teenager glaubte ich an Gott, aber ich wußte nicht, wer er war. Er wohnte irgendwo da oben. Ich stellte mir vor, daß Gott ein Mann war, der irgendwo über uns saß und auf uns hinabschaute. Er hatte alles geschaffen und wußte alles über jeden. Er führte Ereignisse und Menschen, aber ich konnte mir nicht vorstellen, mit ihm persönlich Kontakt zu haben. Für mich war er eine abstrakte Figur.

Zu Hause sprachen wir nie über Gott, das wird auch heute nicht gemacht. Zu Hause bin ich die einzige, die damit etwas zu tun hat.

Mein Vater ist ein ruhiger Mensch, der viel nachdenkt. Wir verstehen uns gut. Er versteht meine religiösen Erlebnisse nicht, aber er respektiert sie. Es ist für mich sehr wichtig, daß er mich nicht lächerlich macht.

Wir gehören zur jüdischen Gemeinde in Leningrad. Ich habe jüdische Onkel, Tanten und Kusinen. Wir waren aber nie isoliert, ich hatte immer viele russische Freunde. In unserem Haus war jeder willkommen.

Aber vom Glauben her waren wir nicht jüdisch, zumindest nicht bewußt. In Rußland ist das egal. Im atheistischen Rußland gab es keinen Platz für Menschen, die ihren Glauben lebten. Jetzt wird das, Gott sei Dank, möglich. Vor gar nicht so langer Zeit kamen Leute wegen ihres Glaubens noch ins Gefängnis. Also waren meine Eltern, meine Freunde und alle Menschen um mich herum nicht religiös. Für sie waren Gott und Religion weit weg.

Wir hatten eine enge, warme Familiengemeinschaft. Wir interessierten uns auch sehr für Kunst und Kultur. Wir gingen oft zur Philharmonischen Gesellschaft, um gute Konzerte anzuhören, und wir besuchten Theater und Museen. Manchmal war es schwierig,

Karten für gute Konzerte zu bekommen. Direkt oder indirekt bemühten wir uns immer darum und hatten meist Erfolg. Im Konzertsaal sahen wir dann überall jüdische Gesichter.

Es gab Verfolgung in dem Sinne, daß die meisten jüdischen Familien benachteiligt wurden, wenn es um höhere Bildung und interessante Stellen ging. Als meine Schwester auf die Universität wollte, teilte der Direktor meiner Großmutter, die ein Doktor der Psychologie und Pädagogik ist und den Lehrstuhl für Psychologie im Institut für Erziehung innehat, mit, daß es klüger wäre, diesen Versuch abzubrechen. Als Jüdin würde sie keinen Platz bekommen, deshalb sollte sie es lieber nicht versuchen.

Als ich mit der Schule fertig war, probierte ich es aus dem selben Grund auch nicht, an die Universität zu kommen. Ich ging ans Leningrader Institut für Kultur, eine andere Einrichtung, die einen etwas niedrigeren Status als die Universität hat.

Als ich vierzehn und im Gymnasium war, wurde eine Reise ins Ausland geplant. Das war etwas Besonderes. Wir hatten einen Austausch mit einer ungarischen Schule. Schüler von dort sollten für zwei Wochen nach Leningrad kommen, und wir würden in ihr Land gehen.

Alles war vorbereitet und bezahlt, und plötzlich sagte eine Lehrerin, daß ich nicht mitkommen könne. Sie war jung, und ich kam gut mit ihr zurecht und merkte, daß sie es schwierig fand, mir das zu sagen. Sie nahm mich zur Seite und teilte es mir mit. Sie sagte: »Es ist unser Fehler, wir hätten es deinen Eltern gleich mitteilen müssen, aber da wir das versäumt haben, muß ich dir jetzt sagen, daß du nicht mitkommen kannst.«

Ich fragte: »Warum? Alles ist vorbereitet, und ich habe immer gute Noten.«

Schließlich sagte sie mir den Grund: »Welche Staatsangehörigkeit steht in deinem Paß, Olga?«

»Jüdisch«, sagte ich.

Dann erwiderte sie: »Aus diesem Grund kannst du nicht mit uns kommen.«

Das war hart, besonders weil ein Junge, der ziemlich schlechte Noten hatte, aber aus einer sozialistischen Arbeiterfamilie kam, statt meiner nach Ungarn fahren durfte. Man lernt, damit zu leben, aber manchmal schmerzt es. So wurde ich auf negative Weise daran erinnert, daß ich Jüdin war.

Wenn wir uns mit Freunden, deren Eltern und meinen Kusinen am Sabbat oder an einem Feiertag trafen, saßen wir um den Tisch und unterhielten uns über Kinder, die nicht auf die Universität durften oder keine Arbeit fanden, weil sie Juden waren.

Als ich meine Ausbildung am Institut beendet hatte, machte ich diese Erfahrung auch. Es war schwierig, eine interessante Stelle zu finden. Ich hatte einen dreijährigen Kurs als englischsprachige Fremdenführerin gemacht und suchte eine Stelle, wo ich meine Englischkenntnisse einsetzen konnte.

Ich war sechzehn, als ich meinen Eltern sagte, daß ich in die Hauptsynagoge gehen wolle. Es war Herbst und *Simchat Tora*. Die Feiern haben für die meisten sowjetischen Juden keine große religiöse Bedeutung. Die Teilnahme ist eher eine Frage des kulturellen Hintergrundes. Man trifft Freunde, die man monatelang nicht gesehen hat. Es sind so viele Juden da, daß man das Gefühl hat, noch immer ein Volk zu sein.

Vor der Synagoge steht ein großes modernes Gebäude mit großen Fenstern, und damals saßen Polizeibeamte mit Kameras darin und fotografierten alle, die in die Synagoge gingen. Eine Kusine hatte deswegen einmal Schwierigkeiten bekommen. Also übte ich größte Vorsicht, wenn ich in die Synagoge ging.

Ich wollte hingehen, weil ich den immer größer werdenden Wunsch hatte, Gott zu erleben. Deshalb wollte ich auch Hebräisch lernen. Damals war das aber zu gefährlich, und meine Eltern hinderten mich immer.

Nach der Schule wollte ich an die Kunstakademie. Das war ein Schock für meine Eltern, die sich an den Gedanken gewöhnt hatten, daß ich ans Institut ging. Ich malte ein bißchen, aber nicht genug, um meine Eltern zu beeindrucken. Mein Versuch schlug fehl, und um kein Jahr zu verlieren, nahm ich an einem Sekretärinnen-Kurs teil. Ich lernte, schneller zu tippen als ich schrieb und bekam ein ausgezeichnetes Zeugnis.

Drei Jahre lang arbeitete ich am wissenschaftlichen Forschungsinstitut, dann konnte ich freiberuflich für eine Kooperative arbeiten. Ich konnte so lange zu Hause arbeiten, wie ich wollte, und das war sehr angenehm.

Mit neunzehn heiratete ich, aber nach drei Jahren trennten wir uns. Ich hatte eine Tochter, und als sie zwei Jahre alt war, fragte sie: »Mami, warum haben wir keinen Papi?« Ich erklärte ihr, daß man zwei Eltern oder nur eine Mutter oder nur einen Vater haben kann. »Aber«, sagte ich, »vielleicht lernt Mami eines Tages einen Mann kennen, den wir beide lieben, und dann hast du einen Vati.« Damit war sie zufrieden und erzählte jedem: »Wißt ihr was? Wir suchen einen Vati ...« Sie ist jetzt sieben Jahre alt und ein schönes Mädchen, das ich sehr liebe. Im Moment ist sie mit ihrer Situation zufrieden.

Das Judentum interessierte mich einerseits, andererseits aber auch nicht. Ich fand eine Religion, die Gesetze mehr betonte als Beziehungen, sehr schwierig. Ich fand das nicht normal und unnatürlich. Ich stellte mir Gott als lebendiges Wesen vor. Eine Beziehung zu ihm mußte von Herzen kommen und nicht auf Regeln und Gesetzen basieren.

Ich stellte fest, daß die tiefe Befriedigung, die ich suchte, nicht in dem Judaismus zu finden war, der in Rußland gelebt wurde. Ich fing an, mich für östliche Mystik zu interessieren. Aber deren religiöse Seite befriedigte mich nicht – mich interessierten nur die philosophischen Aspekte.

Im Sommer 1989 ging ich zu einer Abschiedsparty. Ein Freund wanderte in die USA aus. Die Party fand bei ihm statt, und ich lernte ein nettes Mädchen kennen. Sie war Jüdin, und wir mochten einander. Ihre Schönheit zeichnete sie aus. Ich konnte die Augen nicht von ihr lassen – sie war wunderschön. Es war, als ob sie leuchtete.

Wir redeten miteinander, und dieses Mädchen erzählte mir, daß sie vor einigen Monaten Gott begegnet sei. Es war die Herrlichkeit Gottes, die ich an ihr gesehen hatte. Diese wollte ich auch erfahren. Sie erzählte mir von einer evangelikalen russisch-finnischen Kirche, vierzig Minuten mit dem Zug von Leningrad entfernt. Sie war dort dem Herrn begegnet, und ihr Leben hatte sich radikal verändert.

Der nächste Tag war ein Sonntag, und sie lud mich in die Kirche ein. Ich nahm gleich an, denn ich fühlte, daß unser Treffen etwas Besonderes war. Ich ging mit zur Kirche und war sehr beeindruckt. Sogleich spürte ich in meinem Herzen: »Danach habe ich mich gesehnt. Hiernach habe ich alle diese Jahre gesucht.« Ein Glücksgefühl durchdrang mich.

Besonders beeindruckt war ich von der Atmosphäre. Das hier war nicht »religiös«. Ich hatte immer gedacht, daß in einer Kirche eine bestimmte fromme, gedämpfte Atmosphäre herrschen muß, aber hier lachten die Menschen, sie sangen und lobten Gott. Sie sangen mit Leichtigkeit und Freude und wurden von allen möglichen Instrumenten begleitet. Der Prediger sprach normal und einfach. Das hatte ich gesucht. Am nächsten Sonntag ging ich wieder hin.

Meine neue Freundin war voller Leben. Ich bin reservierter. Wenn etwas wichtig ist, muß ich tief und ernsthaft darüber nachdenken. Ich lebe nicht von meinem Intellekt, sondern von meinem Herzen und meiner Seele. Ich unterliege Launen und halte deshalb schnelle Entscheidungen nicht für gut. Ich wollte eine bewußte, gut durchdachte Entscheidung treffen, bevor ich mich dem Herrn hingab. Ich wollte nicht impulsiv sein wie viele andere.

Wenn wir zu den Versammlungen gingen, versuchten manche, mich zu drängen. Ich sollte nach vorne gehen und mit dem Prediger reden oder ihn für mich beten lassen. Aber ich sagte immer wieder: »Wartet, ich bin noch nicht bereit.«

Ich sah, wie andere Menschen vom Gottesdienst beeindruckt waren und nach vorne gingen, wenn der Prediger sagte: »Kommt, wenn ihr Gebet braucht.« Ich aber bin davon überzeugt, daß man im tiefsten Innern bereit sein muß für so einen Schritt, sonst hat es keinen Sinn. Man muß sich bewußt sein, welch wichtige Entscheidung man treffen wird, sonst hat man keine tiefen Wurzeln und bringt keine Frucht.

Gott selbst machte mich bereit. Mein himmlischer Vater bereitete mich auf diese Entscheidung vor. Ich fing an, die Bibel und das Neue Testament zu lesen und glaubte alles ohne Schwierigkeiten. Ich glaubte, was ich las, und ich begann, von ganzem Herzen an Yeshua zu glauben.

Vier Monate später geschah etwas. Es war Sonntag, und ich war allein in der Wohnung. Meine Tochter spielte bei meinen Eltern im Garten. In der Küche war es gemütlich und friedlich. Ich setzte mich hin und schlug die Bibel auf. Und plötzlich geschah etwas Unglaubliches. Es war wie eine Offenbarung. Ich spürte die Gegenwart des Herrn ganz konkret und wurde mit innerer Freude erfüllt. Ich mußte weinen, lachen, beten und singen – und alles gleichzeitig. Es war eine unglaubliche Feier mit dem Herrn. Sie dauerte ungefähr vier Stunden. Ich konnte nur weinen, lachen, beten und singen.

Als ich meine Freundin anrief, konnte ich zuerst nur weinen. Sie fragte überrascht: »Was ist los mit dir? Du klingst so komisch.«

Ich sagte: »Das ist schwer zu beschreiben. Du weißt doch, daß in der Bibel steht, daß Elia in Verzükkung geriet? So geht es mir jetzt.«

Erst nach Stunden wurde wieder alles normal. Ich war so froh, daß Gott mich auf eine Weise zu ihm kommen ließ, mit der ich zurechtkam, die zu mir paßte, daß er mich nicht drängte, sondern mich langsam vorbereitet hatte.

Das war besonders wichtig, weil es in meine Beziehung zu Gott das Gefühl tiefen Vertrauens und großer Liebe brachte. Das half mir dabei, als sein Kind zu wachsen. Es half mir, einige Schwierigkeiten zu bewältigen, die ich mit Beziehungen in der Kirche und zu Hause hatte.

Ein weiterer Segen war das Treffen mit Gläubigen aus Holland, die später meine besonderen Freunde wurden. Durch sie lernte ich neue Dinge. Besonders ihre Sichtweise beeindruckte mich. Sie sprachen anders über Gott. Für sie war Gott ein Vater, ein Vater, der mich umarmt, wenn ich traurig bin und mir vergibt, wenn ich etwas falsch gemacht habe. Sie brachten mir bei, aus Glauben zu leben und alles vom Herrn zu erwarten — bis hin zum kleinsten Detail.

Durch sie zeigte mir der Vater, wie ich eine tiefe Beziehung zu ihm aufbauen konnte, und mein Leben änderte sich definitiv. Ich sagte: »Vater, für mich selbst will ich nichts mehr. Ich will dir alle meine Gedanken, Gefühle und Pläne geben. Du hast mir dieses neue Leben gegeben, du wirst auf mich aufpassen. Ich will deine Gedanken und Gefühle in meinem Herzen haben.«

In den Augen meiner Familie und Freunde war es verrückt, allen Eigennutz zu beenden, aber ich spürte, daß ich diesen Schritt machen mußte. In meinem neuen Leben wollte ich mich nicht mehr auf Menschen verlassen, sondern auf Gott.

Das war nicht gerade leicht, besonders weil man in Rußland fast nichts auf offiziellem Wege, aber vieles durch Beziehungen erreicht. Ob es um Lebensmittel, Arbeit, Bildung oder Konzertkarten geht — alles läuft über Kontakte. Ich hatte viele Beziehungen und viele Freunde. Ich kannte Musiker und Künstler und ging zu Ausstellungen und Konzerten. Wenn ich sehe, wie ich mich im letzten Jahr verändert habe, erkenne ich mich kaum wieder. Ich reagiere anders auf die Umstände. Ich treffe Entscheidungen mit Gott, denn er weiß, was am besten zu mir paßt.

Ich rede mit dem Vater über das, was mich am tiefsten berührt. Ich spreche über meine Bedürfnisse mit Yeshua, wie ich mit einem älteren Bruder sprechen würde. Manchmal sage ich nur zum Vater, daß ich ihn liebe. Er ist mein liebender Vater. Manchmal schaue ich nach oben und sage nur: »Vater, ich liebe dich. Danke, daß du für mich sorgst.«

Wenn ich weinen muß oder fröhlich bin, ist er bei mir und sieht und kennt mich. Manchmal flüstere ich nur: »Danke, Vater.« Es ist ein wunderbares Gefühl, so eine Beziehung zum Allmächtigen zu haben.

Der Vater hat mir auch meine Herkunft verdeutlicht. Ich fing an zu verstehen, daß Gott im Alten Testament mit den Juden begonnen hat, daß Yeshua sich an die Juden wandte. Aber Yeshua war sehr betrübt, weil sein eigenes Volk ihm nicht glauben wollte. Alles, was er und der Vater vorbereitet hatten, war zuerst für sein erwähltes Volk gewesen, aber sie wollten es nicht haben.

In Zukunft wird sich das ändern; die Lage ändert sich schon. Gott hebt den Schleier von ihren Herzen, daß sie sehen können, wer Yeshua ist. Die Zeit ist gekommen, daß viele sowjetische Juden auswandern. Das ist eine besondere Zeit für den Vater. Er versammelt sein Volk wieder in seinem Land. Zuerst werden die Juden zurück nach Israel kommen, und dann gibt Gott ihnen »ein neues Herz« (Hes 36, 26).

Ich verstehe jetzt, warum ich nicht in die USA ausgewandert bin, obwohl ich in den letzten sechs Jahren einige Möglichkeiten dazu hatte. Meine Eltern hatten immer etwas dagegen gehabt, weil sie um ihre Arbeit fürchteten.

Jetzt bin ich gläubig und möchte nur in Israel leben, nirgendwo anders. Ich möchte nach Hause. Israel ist das einzige Land der Erde, wo ich kein Ausländer sein werde. Wir waren jahrhundertelang Einwanderer in Rußland. Vieles ist uns verboten, immer gab es Schwierigkeiten. Die politische Lage ist unsicher und gespannt. Aber ich möchte »nach Hause«. Der Vater wird mich führen und für mich sorgen.

Gott hat mir Arbeit gegeben. Ich wurde ausgewählt, bei der Produktion eines Fernsehfilms über eine moderne *Aliya* zu helfen. Während der Vorbereitungen sind so viele Wunder geschehen. Ich mußte eine Familie finden, die wir von Leningrad bis Tel Aviv begleiten und filmen konnten. Ich traf viele interessante Familien, aber sie waren nicht die, die Gott hierfür im Sinn hatte. Nach drei Monaten hatte ich immer noch nicht die richtige Familie gefunden.

Eines Tages sprach ich mit meiner Schwester, die sich auch auf die Auswanderung vorbereitete. Sie hatte größte Schwierigkeiten, Tickets und ein Visum zu bekommen. Man muß dafür wochenlang jeden Morgen Schlange stehen. Jeden Tag muß man wieder ins Auswanderungsbüro gehen und seinen Namen eintragen. Als meine Schwester zum ersten Mal hinkam, war sie die Nummer 7600. 7599 Menschen waren vor ihr.

Wir redeten über diese Probleme. Ich erzählte ihr, daß ich alle meine Freunde nach einer Familie gefragt hatte, die für die Dokumentation geeignet war, und daß niemand eine kannte. Die Aufnahmen mußten bald beginnen.

Da sagte meine Schwester: »Weißt du, ich habe heute beim Auswanderungsbüro eine Familie getroffen, nette, intelligente Leute. Die könnten richtig für dich sein.«

»Wie finde ich sie?« fragte ich. Und sie gab mir die Telefonnummer von Leonid und Xenne Landa.

Ich rief an und sagte, daß ich eine Familie mit Kindern für einen Film über eine moderne *Aliya* suchte. Sie besprachen es kurz miteinander und sagten: »Ja, wir sind einverstanden.«

Ich wußte gleich, daß das von Gott kam. Sie waren zwei Ingenieure mit drei netten Kindern. Sie waren keine strenggläubigen Juden, aber auf der Reise nach Israel merkten sie mehr und mehr, daß sie geführt wurden. Die Frau im Budapester Empfangszentrum sagte das auch. Sie sah all diese Menschen mit ihrem Gepäck, alte Männer und Frauen mit faltigen Gesichtern und junge Leute mit Kindern. Sie waren aus allen Ländern Osteuropas zusammengekommen. Eine große Wanderung eines Volkes. Sie hatten Tränen in den Augen.

Ich bin froh, daß Gott mich durch diesen wundervollen Film helfen läßt, viele Menschen zu berühren. Es ist ein Stück menschliches Drama, das mit Gottes Plan für die Welt zu tun hat.

Gott hat mir eine andere Arbeit gegeben. Ich durfte die Konzertreise des holländischen Klassikensembles »Neuer Wein« in der ehemaligen Sowjetunion organisieren. Sie singen Trostlieder für Israel. Die Zeit, die ich mit diesen Musikern verbrachte, war ein Segen. Ich spürte durch ihre Musik, daß der Vater mit mir auf besondere und neue Weise sprach. Er nannte mich eine »Tochter Zions«. Ich verstehe mehr und mehr, wie wichtig das ist.

Gott hat mir nicht nur alles gegeben, was ich brauchte. Er hat vor allem sich selbst gegeben. Er hat mich verändert und sich für mich selbst geöffnet. Ich lerne jetzt, was Liebe, Vertrauen, Treue und Verantwortung sind. Und ich lerne, dieses neue und wunderschöne Leben zu leben.

Ich glaube, daß Juden und Christen vereint sein sollten. Wir sind gemeinsam gerettet. Wir sind Mitglieder einer Familie. Wir sind gemeinsam unterwegs nach Zion. Eines Tages werden wir in Jerusalem gemeinsam singen.

»*L'schana haba'a b'iruschalayim*« — nächstes Jahr in Jerusalem!

Olga landete am 2. Januar 1991 auf dem Ben Gurion-Flughafen in Israel.

13.

Messianische Juden in Europa

Als ich aus Israel von meiner Suche nach Juden, die den Messias gefunden hatten, zurückkam, begann ich, mich in meinem eigenen Land umzusehen. Würde ich dort einige messianische Juden finden? Zuerst entdeckte ich eine Gruppe in der kleinen Stadt Alphen aan de Rijn in der Nähe von Den Haag. Wir sollten zuerst mit Rebecca de Graaf Kontakt aufnehmen, weil diese Juden unter sich bleiben wollten.

Wir durften zu ihrer monatlichen Versammlung kommen. In einem Gemeinderaum hörte eine Gruppe von 50 Menschen einer Ansprache zu, danach wurde der *Kiddusch* mit einem kleinen Becher Wein und einigen Liedern gefeiert.

Rebecca de Graaf war die jiddische *mamme* der holländischen messianischen Juden. Sie ist 83 Jahre alt und saß vorne im Klappstuhl und beobachtete alles, was vor sich ging. Sie dankte den Frauen, die die *oliebollen* (die typischerweise in Holland während *Chanukka* gereicht werden) gebacken hatten, und sie lud die Juden zu Passa ein, aber »Gläubige aus den Nationen« sollten zuerst um Erlaubnis fragen. Trotz ihres Alters und einiger gesundheitlicher Probleme (»Wissen Sie, alles ist 83 Jahre alt«) hat sie noch einen messerscharfen Geist. Sie erinnerte mich stark an Corrie ten Boom in ihren letzten Jahren.

Später besuchten wir »Tante« Rebecca in ihrer Wohnung, und sie erzählte uns ihre Lebensgeschichte.

Sie wurde 1907 in Den Haag geboren. Ihr Vater war Goldschmied. Sie ging zur orthodoxen Synagoge, wo Männer und Frauen getrennt sitzen. Da sie musikalisch war, wurde sie zur Pianistin ausgebildet.

Sie besuchte öfters eine christliche Freundin, in deren Haus nach dem Essen die Bibel gelesen wurde. Sie konnte aber nicht mit der Familie essen, weil das Essen nicht koscher war. Als sie im Modegeschäft dieser Freundin aushalf, sah sie eine Bibel. Obwohl das Neue Testament für sie ein verbotenes Buch war, schlug sie es auf und las die Worte Yeshuas: »Ihr sucht in der Schrift, denn ihr meint, ihr habt das ewige Leben darin; und sie ist's, die von mir zeugt, aber ihr wollt nicht zu mir kommen, daß ihr das Leben hättet.« (Joh 5,39+40).

Mit diesen Worten begannen ihre Fragen, wie »Wer ist Yeshua? Ist er der Messias?«. Die Bibel überzeugte sie, daß Yeshua der Messias ist. Nach ihrer Taufe ging sie auf eine christliche Bibelschule und bombardierte die Lehrer mit Fragen.

Ihrer Ansicht nach wohnte »der christliche Jafet in den Zelten Sems«, womit sie sich auf Genesis 9,27 bezog. Sem ist Israel, und in Jafet sieht sie die Gläubigen aus den Nationen. Aber Jafet war nicht damit zufrieden, einen untergeordneten Platz in Sems Zelten einzunehmen, sondern beanspruchte den ganzen Platz für sich wie ein junger Kuckuck. Jafet sagte sogar, daß für Sem kein Platz mehr in Gottes Zelt sei.

Aber Gott gefiel es, Israel aus allen Völkern auszu-
wählen, und er ließ Yeshua aus Israel kommen. Wie
auch Paulus schreibt: »Hat denn Gott sein Volk verstoßen? Das sei ferne!« (Röm 11, 1) und »Denn Gottes
Gaben und Berufung können ihn nicht gereuen«
(Röm 11, 29).

»Tante« Rebecca erzählte uns, daß sie einen
christlichen Bankier aus Alphen aan de Rijn geheira-
tet hatte und während des Krieges durch die Hand
Gottes wunderbar errettet worden war. Nach dem
Krieg erklang ihr Zeugnis immer lauter, und es bil-
dete sich eine Gruppe messianischer Juden. Die meisten von ihnen hatten zu allen möglichen Kirchen gehört, in denen sie sich manchmal fehl am Platze vorka-
men. Aber hier waren sie »zu Hause« unter Gläubigen, die ihre besonderen Bedürfnisse verstanden und
ihre Identität als Juden, die an Yeshua glauben, bestätigten.

In Eilat, dem südlichsten Punkt Israels, gaben
mir John und Judy Pex die Adresse einer messianischen Gemeinde in London. Ich hörte auch von der
bekannten britischen Sängerin Helen Shapiro, die
messianische Jüdin war. Ich ging selbst hin.

London im Herbst ist trostlos. Ich stand in alten
U-Bahnhöfen und blickte auf Bündel von Kabeln, die
mit rostigen Nägeln an Betonwänden befestigt waren.
Ich stieg um und erreichte die richtige Station, ir-
gendwo in den Vororten der Stadt. Ich lief eine halbe
Stunde, während ich den Finger auf dem Stadtplan
hatte, und suchte eine weiße Holzkirche: die Bridge
Lane Chapel.

Am nächsten Tag fuhr ich wieder mit der U-Bahn, um ein persönliches Gespräch mit Ruth Fleischer in ihrem kleinen Haus zu führen. Ich sah die Reste einer *succa* im Garten. Ruth brachte mir einige ihrer Büchlein. Eines ist eine »Messianische Haggadah«. Sie hofft, ihr Studium an der Universität mit einer Doktorarbeit über »Die messianischen Juden seit 1976« abschließen zu können.

Sie erzählte von einer Gruppe von 65 messianischen Versammlungen in den Vereinigten Staaten, die die Vereinigung der messianischen Versammlungen und Synagogen bildet. Ein Leitungsgremium wurde gebildet, das Rabbis und Pastoren ordiniert, die dann den Titel »Rabbi« führen dürfen.

Die meisten dieser Versammlungen befinden sich in den Vereinigten Staaten, aber einige gibt es auch in England (London und Manchester, sowie einige kleinere Gruppen in anderen Städten), Frankreich, Australien und Südamerika.

Ruth organisierte die internationale messianische Konferenz »Yeshua 1991«, die in Nottingham stattfand. Diese Konferenz hatte 400 Teilnehmer, für die kommenden Jahre werden noch mehr Besucher aus ganz Europa erwartet.

Als wir uns verabschiedeten, gab Ruth mir einen Zeitungsartikel über ein Mitglied, die Sängerin Helen Shapiro. Ihr Zeugnis hört man in ganz England, und Gott zeigt durch sie, wie man Jude sein und an Yeshua glauben kann.

Helen wurde mit 14 Jahren zum internationalen Star. 1963 traten die Beatles als Begleitband für sie auf! 30 Jahre lang trat sie als Jazz-Sängerin auf. Obwohl Helen im Judaismus erzogen worden war und immer an Gott glaubte, erkannte sie, daß Yeshua der Messias ist.

Dies ist Helens Geschichte:

Ich interessierte mich für Buddhismus, Spiritismus, psychische Phänomene und anderes, und ich glaube, eine Zeitlang befriedigte mich das auch.

Mit vierzig wurde mir immer klarer, daß meine Karriere mir zu wichtig geworden war. Ich war sehr deprimiert, weil mir alles sinnlos erschien. Bob Cranham, mein musikalischer Leiter und seine Frau Pennie waren Christen, und Bobs Glaube beeindruckte mich. Ich war neidisch auf ihn. Eines Nachts, als ich an meinem Tiefpunkt angelangt war, sagte ich: »Gut, Yeshua. Wenn du so groß bist, mach etwas. Hilf mir!«

Ich war gerade aus Deutschland zurückgekommen, als Bob mir das Buch »Verraten« von Stan Telchin in die Hand drückte und sagte, das könne mich interessieren. Am nächsten Tag setzte ich mich hin und las es ganz durch. Es machte einen enormen Eindruck auf mich. Ich las es noch einmal und stellte fest, wie wenig ich über biblische Prophetie und die jüdische Geschichte wußte.

Ich ging also los und kaufte mir eine Bibel und begann zu lesen. Als ich zum Neuen Testament kam, staunte ich, wie jüdisch es war! Der Stammbaum Yeshuas in Matthäus war eine absolute Überraschung. Ich las weiter über diesen Juden Yeshua und über das, was er sagte und tat. Ich ging immer wieder zurück zum Alten Testament, um zu sehen, wie und wo die Prophetien erfüllt wurden.

Nach einigen Tagen beschloß ich, eine englische Übersetzung der *Tenach,* der Hebräischen Schriften, zu kaufen. Ich wollte sie mit der Bibel vergleichen, damit ich nicht irregeführt werden konnte. Zu Hause saß ich zweieinhalb Monate lang mit zwei Bibeln, und ich las und verglich und verschlang alles neue Wissen, bis ich endlich feststellte, daß ich diese Wahrheit nicht leugnen konnte. Yeshua war der jüdische Messias.

Ich ging zu Bob und Pennie und erzählte ihnen, daß ich schon fast gläubig war. Stundenlang stellte ich ihnen eine Frage nach der anderen.

In jener Nacht, am 26. August 1987, bat ich gegen 22.30 Uhr Yeshua, in mein Leben zu kommen, und ich gab mich ihm hin. Es gab keine Explosionen, keine Offenbarungen, keine Erscheinungen — nur das Wissen, daß das richtig war.

Ungefähr eine Woche später gelangte diese Bekehrung aus meinem Kopf in mein Herz, während ich anbetete. Der Geist Gottes kam auf mich, und ich vergoß Tränen der Freude und der Liebe für meinen Herrn.

Zur gleichen Zeit bekam ich eine Aufgabe für mein eigenes jüdisches Volk und für das Land Israel. Ich fange jetzt an, messianische Lieder zu sammeln, die ich für ihn singe. Er hat mir ein Talent gegeben, das ich immer nur für mich benutzt habe, und jetzt möchte ich es zu seiner Ehre benutzen. Es ist aufregend, heute zu leben, da Gott seinen Geist über sein jüdisches Volk ausgießt, und ich will ihm dienen, ganz gleich, welche Schwierigkeiten oder Entbehrungen das bedeutet.

Als ich wieder auf den Kontinent kam, suchte ich in Frankreich messianische Freunde. In Paris nahm ich die U-Bahn und fand das messianische Zentrum in der Omar-Talon-Straße. Dort trafen wir die Leiter der messianischen Bewegung in Frankreich und Belgien, Anya und Paul Ghennassia.

Paul erzählte mir, wie er den Messias fand.

Ich bin ein sephardischer Jude aus Algerien. Ich wuchs in einer traditionellen jüdischen Familie auf und ging in die Synagoge, hatte meine *Bar Mizwa* und erfüllte die Traditionen.

Über Christen wußten wir, daß sie uns Juden in der Geschichte Schlechtes getan hatten. Einmal sagte eine junge katholische Frau, die als Schaufensterdekorateurin arbeitete, zu mir: »Ihr Juden habt Yeshua gekreuzigt.« Ich beschloß, daß ich mit Christen nichts zu tun haben wollte.

Aber Gott erreichte mich, indem er meine Frau heilte. Sie bat mich, sie zu einer Versammlung zu bringen, in der für Kranke gebetet wurde. Sie wurde von einem Tumor geheilt. Nach der Versammlung wollte mir eine Frau eine Bibel geben. Ich lehnte ab und sagte: »Ich bin ein Jude.« Da erwiderte sie: »Eben weil Sie ein Jude sind, mein Herr, will ich Ihnen diese Bibel geben. Die Bibel ist zuerst für die Juden und dann für die Heiden. Die Juden haben uns die Bibel gegeben.«

Ich nahm die Bibel und begann zu lesen, und zum ersten Mal in meinem Leben kniete ich vor meinem Bett und sagte zum Herrn: »Mein Gott, zeige mir, offenbare mir, wer Yeshua ist. Wenn er der Messias ist,

will ich ihn annehmen, aber wenn er nicht der Verheißene ist, will ich damit nichts zu tun haben.«

Ich schlug die Bibel auf und las: »Er war der Al-
lerverachtetste und Unwerteste, voller Schmerzen
und Krankheit. (...) Fürwahr, er trug unsre Krankheit und lud auf sich unsre Schmerzen.« (Jes 53,3
+4). Ich war überwältigt. In dem Moment hatte meine
Frau einen Besucher, der Christ war. Ich rannte aus
meinem Zimmer und rief: »Hört zu! Gott hat mir gerade gezeigt, daß Yeshua wirklich der Messias ist.« Einige Tage später empfing ich den Ruf von Gott, daß er
mich benutzen wollte, um mein Volk zu erreichen.

1964 kam ich nach Paris und fing an, unter den
450 000 Juden zu arbeiten, die hier leben. In Paris
gibt es mehr Juden als in Jerusalem! Ich gab eine
Zeitschrift heraus, »Messianisches Zeugnis für das
Volk Israel«, und begann, Radiosendungen über Radio Luxemburg zu senden. Ein Freund nach dem anderen kam hinzu. Ich fühlte, daß ich nicht allein war.

Als meine erste Frau gestorben war, lernte ich
Anya aus Finnland kennen. Sie arbeitete unter den
Juden in Brüssel. Nach unserer Hochzeit arbeiteten
wir zusammen. Eine Hälfte der Woche verbringen wir
in Brüssel, wo wir eine Gemeinde von messianischen
Juden leiten, die andere Hälfte sind wir in Paris.

Manchmal haben wir einen Einsatz auf dem
Place Pompidou mitten in Paris. Alle unsere Mitglieder tragen T-Shirts mit dem Zeichen einer *menora*
und dem hebräischen Wort »Yeshua« auf dem Ärmel.
Zweimal sind orthodoxe Juden gekommen, um die
Straßenversammlung zu stören, und es kam zu klei-
neren Unruhen mit einigen Verletzten.

In mehreren französischen Städten gibt es jüdische Gebetsgruppen, zum Beispiel in Marseille und Straßburg. Aber hier in Paris gibt es die einzige jüdische Gemeinde, sie hat 110 Mitglieder.

Ich befragte Anya zur Situation in Skandinavien, wo sie herkommt. Besonders in Finnland wird Israel sehr von Christen unterstützt. Aber es existieren auch kleine Gruppen von messianischen Juden in den skandinavischen Hauptstädten Helsinki, Kopenhagen und Stockholm.

Meinen letzten Termin hatte ich in Amsterdam. Meine Suche in Israel und Europa war fast beendet. Ich war überwältigt von allem, was ich gehört und gesehen hatte. Diese Geschichten waren voll vom Geist Gottes. Ich hatte sie oft mit Tränen in den Augen vernommen. Es war ein Privileg, diese »ersten Früchte« zu treffen und die »ersten Tropfen des letzten Regens« zu sehen.

In Amsterdam war unter der Leitung des jüdischen Armeegeistlichen Leon Erwteman und seiner Frau Elze eine neue messianische Gemeinde entstanden. Diese messianische Gemeinde, Beth Yeshua, will eine Brücke sein zwischen den messianischen Juden und den nichtjüdischen Gläubigen, die Israel lieben.

Sie hätten keinen besseren Treffpunkt wählen können als dieses Haus aus dem 18. Jahrhundert neben einem der schönen Kanäle Amsterdams. Ganz in der Nähe erinnert die Statue »De Dokwerker« an den »Februarstreik« im Zweiten Weltkrieg. Ein allgemeiner Streik war ausgerufen worden, als die Bevölkerung Amsterdams entdeckt hatte, daß ganze Züge voller Juden zu Vernichtungslagern in Deutschland geschickt worden waren. – Auch die weltberühmte portugiesische Synagoge ist nicht weit.

Selbst die schönen Häuser aus dem 18. Jahrhundert am Kanal haben etwas mit dem Versprechen zu tun: »Ich will dich segnen, wenn du mein Volk segnest«. Als im letzten Jahrhundert Juden aus Spanien und anderen südeuropäischen Ländern vertrieben wurden, flohen viele in den Norden und fanden einen »Mokum«, einen guten Platz, in Amsterdam (»Mokum« ist ein gebräuchlicher holländischer Name für Amsterdam). Daraus resultierte das Goldene Zeitalter, währenddessen Handwerk und Kunst wuchsen. Gottes Segen kam in unser Land, nachdem wir die Juden gesegnet hatten.

Die Versammlung in Beth Yeshua war eine Mischung aus Kontakten bei Kaffee und Kuchen und Feiern mit Lobpreisliedern und Ansprache. Alles wurde für eine Gruppe russischer Juden ins Englische übersetzt. Sie zeigten die Probleme der Moderne: den Zusammenbruch der ehemaligen Sowjetunion und die Angst vor dem wachsenden Antisemitismus. Sie zeugten aber auch von der Erfüllung von Gottes sicherer Verheißung: »Ich will sie aus dem Lande des Nordens zurückbringen.«

Leon bat mich, als Augenzeuge zu berichten, was Gott unter den Juden tut. Ich wählte den Text aus Matthäus 24,32, die Verheißung des Feigenbaumes. Yeshua zeigte, daß ein Zeichen des Wiederkommens des Messias die physische und geistliche Wiederherstellung Israels ist.

Ich schaute mich um und versuchte festzustellen, was dieses Treffen bedeutete. Hier war eine frische, neue, lebendige Gruppe von messianischen Juden mit Christen vereint. So will der Herr in der Endzeit vorgehen — Israel wiederherstellen und die Trennmauer zerschmettern. Welch eine Verheißung! Wie zu Beginn meines Abenteuers in Jerusalem fühlte ich jetzt wieder, daß ich Teil von etwas Großem bin, das mein Verstehen übersteigt.

Wir leben in der Endzeit. Vor uns liegen Jahre der Prüfung. Es werden große Störungen in der Natur, Erdbeben, Sturmfluten und Stürme kommen. Die politische Unsicherheit wird größer werden, und ein Volk wird sich gegen das andere erheben, einer wird gegen den anderen kämpfen. Wie bei einer Geburt werden die Schmerzen wachsen, bis das neue Königreich vollendet ist.

Aber zwischenzeitlich wird das Einbringen der großen Ernte des Volkes Gottes weitergehen. Immer mehr Juden werden den Messias finden, einige durch Offenbarungen, einige durch das Neue Testament und einige durch das Zeugnis eines anderen Gläubigen, sei er Jude oder Heide. Gottes Geist wird über die Erde wehen und neues geistliches Leben erwecken, Offenbarung und Wiederherstellung bringen. Der Schleier wird fortgenommen werden, und die Juden werden sehen, daß Yeshua der Verheißene ist.

Ich habe den Beginn dieses Prozesses gesehen und war erschüttert. Die trockenen Knochen aus Hesekiels Vision bewegen sich und werden durch das Wehen des Heiligen Geistes zum Leben erweckt werden.

Messianische Prophetien

Im Alten Testament gibt es viele Personen, die dem verheißenen Messias als Propheten ähneln. Isaak, der Sohn des Patriarchen Abrahams, wurde beinahe geopfert. Gemäß Hebräer 11,17-19 bewirkte das Glauben an die Auferstehung. Bedenken Sie das Leben Josephs: Seine Brüder versuchten ihn zu töten, aber schließlich rettete er sie vor dem Hungertod, obwohl sie zuerst nicht einmal erkannten, daß er es war. So gibt es viele Aussagen im *Tenach*.

Altes Testament:
Psalm 35,19 und 38,20: Grundloser Haß.
Neues Testament:
Johannes 15,25: Sie hassen mich ohne Grund.

Altes Testament:
Psalm 69,22: Sie geben mir Galle zu essen und Essig zu trinken für meinen Durst.
Neues Testament:
Matthäus 27,48; Markus 15,36; Lukas 23,36; Johannes 19,29: Und sogleich lief einer von ihnen, nahm einen Schwamm und füllte ihn mit Essig und steckte ihn auf ein Rohr und gab ihm zu trinken.

Altes Testament:
Psalm 69, 26: [über die Feinde des Gesalbten:] Ihre Wohnstatt soll verwüstet werden.
Neues Testament:
Apostelgeschichte 1, 19+20: [über Judas:] ... so daß dieser Acker in ihrer Sprache genannt wird: Hakeldamach, das heißt Blutacker. Denn es steht geschrieben im Psalmbuch: »Seine Behausung soll verwüstet werden, und niemand wohne darin.«

Altes Testament:
Psalm 22, 2: Mein Gott, mein Gott, warum hast du mich verlassen?
Neues Testament:
Matthäus 27, 46: Und um die neunte Stunde schrie Jesus laut: Eli, Eli, lama asabtani? Das heißt: Mein Gott, mein Gott, warum hast du mich verlassen?

Altes Testament:
Psalm 22, 19: Sie teilen meine Kleider unter sich und werfen das Los um mein Gewand.
Neues Testament:
Johannes 19, 23+24: Als aber die Soldaten Jesus gekreuzigt hatten, nahmen sie seine Kleider und machten vier Teile, für jeden Soldaten einen Teil, dazu auch das Gewand. (...) Da sprachen sie untereinander: Laßt uns das nicht zerteilen, sondern darum losen, wem es gehören soll. So sollte die Schrift erfüllt werden, die sagt: »Sie haben meine Kleider unter sich geteilt und haben über mein Gewand das Los geworfen.«

Altes Testament:
Psalm 91, 11+12: Denn er hat seinen Engeln befohlen, daß sie dich behüten auf allen deinen Wegen, daß sie dich auf den Händen tragen und du deinen Fuß nicht an einen Stein stoßest.
Neues Testament:
Matthäus 4, 6 und Lukas 4, 9-11: Und [der Teufel] führte ihn nach Jerusalem und stellte ihn auf die Zinne des Tempels und sprach zu ihm: Bist du Gottes Sohn, so wirf dich von hier hinunter; denn es steht geschrieben: »Er wird seinen Engeln deinetwegen befehlen, daß sie dich bewahren. Und sie werden dich auf den Händen tragen, damit du deinen Fuß nicht an einen Stein stößt.«

Altes Testament:
Psalm 95, 7-11: Wenn ihr doch heute auf seine Stimme hören wolltet: Verstocket euer Herz nicht, wie zu Meriba geschah (...).
Neues Testament:
Hebräer 3, 7-11 und 4, 7: Heute, wenn ihr seine Stimme hören werdet, so verstockt eure Herzen nicht.

Altes Testament:
Psalm 97, 7: Betet ihn an, alle Götter!
Neues Testament:
Hebräer 1, 6: Und es sollen ihn alle Engel Gottes anbeten.

Altes Testament:
Psalm 102, 26+27: Du hast vorzeiten die Erde gegründet, und die Himmel sind deiner Hände Werk. (...) Du aber bleibst.

Neues Testament:
Hebräer 1, 8-10: aber von dem Sohn: »(...) Du, Herr, hast am Anfang die Erde gegründet, und die Himmel sind deiner Hände Werk.«

Altes Testament:
Psalm 110, 1: Der Herr sprach zu meinem Herrn: »Setze dich zu meiner Rechten, bis ich deine Feinde zum Schemel deiner Füße mache.«
Neues Testament:
Matthäus 22, 44; Markus 12, 36; Lukas 20, 42+43; Apostelgeschichte 2, 34+35; 1. Korinther 15, 25; Hebräer 1, 13: Der Herr sprach zu meinem Herrn: »Setze dich zu meiner Rechten, bis ich deine Feinde unter deine Füße lege.«

Altes Testament:
Psalm 110, 4: Der Herr hat geschworen, und es wird ihn nicht gereuen: »Du bist ein Priester ewiglich nach der Weise Melchisedeks.«
Neues Testament:
Hebräer 5, 5+6: So hat auch Christus sich nicht selbst die Ehre beigelegt, Hohepriester zu werden, sondern der, der zu ihm gesagt hat: »Du bist mein Sohn, heute habe ich dich gezeugt. (...) Du bist ein Priester in Ewigkeit nach der Ordnung Melchisedeks.«

Altes Testament:
Psalm 118, 22: Der Stein, den die Bauleute verworfen haben, ist zum Eckstein geworden.
Neues Testament:
Matthäus 21, 42; Markus 12, 10+11; Lukas 20, 17;

1. Petrus 2, 7: Habt ihr nie gelesen in der Schrift: »Der Stein, den die Bauleute verworfen haben, der ist zum Eckstein geworden. Vom Herrn ist das geschehen und ist ein Wunder vor unsern Augen«?

Apostelgeschichte 4, 10-12: Im Namen Jesu Christi von Nazareth, den ihr gekreuzigt habt, den Gott von den Toten auferweckt hat; durch ihn steht dieser hier gesund vor euch. Das ist der Stein, von euch Bauleuten verworfen, der zum Eckstein geworden ist. Und in keinem andern ist das Heil, auch ist kein andrer Name unter dem Himmel den Menschen gegeben, durch den wir sollen selig werden.

Altes Testament:
Psalm 118, 26: Gelobt sei, der da kommt im Namen des Herrn!

Neues Testament:
Matthäus 21, 9; Markus 11, 9; Lukas 13, 35; Johannes 12, 13: Die Menge aber, die ihm voranging und nachfolgte, schrie: Hosianna dem Sohn Davids! Gelobt sei, der da kommt in dem Namen des Herrn! Hosianna in der Höhe!

Altes Testament:
2. Samuel 7, 16 und Psalm 132, 11: Der Herr hat David einen Eid geschworen (...): Ich will dir auf deinen Thron setzen einen, der von deinem Leibe kommt.

Neues Testament:
Lukas 1, 69+70; Apostelgeschichte 2, 30 und 13, 22+ 23: [Er erhob] David zu ihrem König, von dem er bezeugte: »Ich habe David gefunden, den Sohn Isais, einen Mann nach meinem Herzen (...).« Aus dessen

Geschlecht hat Gott, wie er verheißen hat, Jesus kommen lassen als Heiland für das Volk Israel.

Altes Testament:
Jesaja 7, 14: Siehe, eine Jungfrau ist schwanger und wird einen Sohn gebären, den wird sie nennen Immanuel.

Neues Testament:
Matthäus 1, 22+23: Das ist aber alles geschehen, damit erfüllt würde, was der Herr durch den Propheten gesagt hat, der da spricht: »Siehe, eine Jungfrau wird schwanger sein und einen Sohn gebären, und sie werden ihm den Namen Immanuel geben«, das heißt übersetzt: Gott mit uns.

Altes Testament:
Jesaja 9, 1: Das Volk, das im Finstern wandelt, sieht ein großes Licht, und über denen, die da wohnen im finstern Lande, scheint es hell.

Neues Testament:
Matthäus 4, 13-16: Und er verließ Nazareth, kam und wohnte in Kapernaum (...), damit erfüllt würde, was gesagt ist durch den Propheten Jesaja, der da spricht: »(...) das Volk, das in Finsternis saß, hat ein großes Licht gesehen.«

Altes Testament:
Genesis 3, 15: Und ich will Feindschaft setzen zwischen dir und dem Weibe und zwischen deinem Nachkommen und ihrem Nachkommen; der soll dir den Kopf zertreten (...).

Neues Testament:
Galater 4, 4+5: Als aber die Zeit erfüllt war, sandte Gott seinen Sohn, geboren von einer Frau und unter das Gesetz getan, damit er die, die unter dem Gesetz waren, erlöste, damit wir die Kindschaft empfingen.

Altes Testament:
Genesis 12, 3: (...) und in dir sollen gesegnet werden alle Geschlechter auf Erden.
Neues Testament:
Matthäus 1, 1 und Apostelgeschichte 3, 25: Dies ist das Buch von der Geschichte Jesu Christi, des Sohnes Davids, des Sohnes Abrahams.
Galater 3, 16: Nun ist die Verheißung Abraham zugesagt und seinem Nachkommen. Es heißt nicht: und den Nachkommen, als gälte es vielen, sondern es gilt einem: »und deinem Nachkommen«, welcher ist Christus.

Altes Testament:
Psalm 2, 7 und Sprüche 30, 4: Er hat zu mir gesagt: »Du bist mein Sohn, heute habe ich dich gezeugt.«
Neues Testament:
Matthäus 3, 17 und Lukas 1, 32+33: Der wird groß sein und Sohn des Höchsten genannt werden; und Gott der Herr wird ihm den Thron seines Vaters David geben, und er wird König sein über das Haus Jakob in Ewigkeit, und sein Reich wird kein Ende haben.

Altes Testament:
Micha 5, 1: Und du, Bethlehem Efrata, (...) aus dir soll mir der kommen, der in Israel Herr sei, dessen

Ausgang von Anfang und von Ewigkeit her gewesen ist.

Neues Testament:
Matthäus 2,1 und Lukas 2,4-7: Da machte sich auf auch Josef aus Galiläa, aus der Stadt Nazareth, in das jüdische Land zur Stadt Davids, die da heißt Bethlehem, weil er aus dem Hause und Geschlechte Davids war (...).

Altes Testament:
Jesaja 61,1: Der Geist Gottes des Herrn ist auf mir, weil der Herr mich gesalbt hat. Er hat mich gesandt, den Elenden gute Botschaft zu bringen, die zerbrochenen Herzen zu verbinden (...).

Neues Testament:
Lukas 4,16-21: Und er kam nach Nazareth, wo er aufgewachsen war, und ging nach seiner Gewohnheit am Sabbat in die Synagoge und stand auf und wollte lesen. Da wurde ihm das Buch des Propheten Jesaja gereicht. Und als er das Buch auftat, fand er die Stelle, wo geschrieben steht: »Der Geist des Herrn ist auf mir (...).« Und als er das Buch zutat, gab er's dem Diener und setzte sich. (...) Und er fing an, zu ihnen zu reden: Heute ist dieses Wort der Schrift erfüllt vor euren Ohren.

Altes Testament:
Jesaja 35,5+6 und 42,18: Dann werden die Augen der Blinden aufgetan und die Ohren der Tauben geöffnet werden. Dann werden die Lahmen springen wie ein Hirsch, und die Zunge der Stummen wird frohlocken.

Neues Testament:
Matthäus 11, 4-5: Jesus antwortete und sprach zu ihnen: Geht hin und sagt Johannes wieder, was ihr hört und seht: Blinde sehen und Lahme gehen, Aussätzige werden rein und Taube hören, Tote stehen auf, und Armen wird das Evangelium gepredigt (...).

Altes Testament:
Jesaja 53, 9: (...) wiewohl er niemand Unrecht getan hat und kein Betrug in seinem Munde gewesen ist.
Neues Testament:
1. Petrus 2, 21-23: (...) da auch Christus gelitten hat für euch und euch ein Vorbild hinterlassen (...); er, der keine Sünde getan hat und in dessen Mund sich kein Betrug fand; der nicht widerschmähte, als er geschmäht wurde, nicht drohte, als er litt (...).

Altes Testament:
Sacharja 9, 9: Du, Tochter Zion, freue dich sehr, und du, Tochter Jerusalem, jauchze! Siehe, dein König kommt zu dir, ein Gerechter und ein Helfer, arm und reitet auf einem Esel, auf einem Füllen der Eselin.
Neues Testament:
Matthäus 21, 1-11 und Markus 11, 1-11: (...) und brachten die Eselin und das Füllen und legten ihre Kleider darauf, und er setzte sich darauf. (...) Die Menge aber, die ihm voranging und nachfolgte, schrie: Hosianna dem Sohn Davids! Gelobt sei, der da kommt in dem Namen des Herrn! Hosianna in der Höhe!

Altes Testament:
Jesaja 53, 9: Und man gab ihm sein Grab bei Gottlo-
sen und bei Übeltätern *, als er gestorben war.
Neues Testament:
Matthäus 27, 57-60: Am Abend aber kam ein reicher
Mann aus Arimathäa, der hieß Josef (...). Und Josef
nahm den Leib und wickelte ihn in ein reines Leinen-
tuch und legte ihn in sein eigenes neues Grab (...).

Altes Testament:
Psalm 16, 10: Denn du wirst mich nicht dem Tode
überlassen und nicht zugeben, daß dein Heiliger die
Grube sehe.
Neues Testament:
Matthäus 28, 1-20; Apostelgeschichte 2, 24-36 und
13, 33-37: Den hat Gott auferweckt und hat aufgelöst
die Schmerzen des Todes (...). Denn David spricht
von ihm: »Ich habe den Herrn allezeit vor Augen,
denn er steht mir zur Rechten, damit ich nicht wanke
(...).

* Der überlieferte hebr. Text hat hier: »bei Reichen«

Glossar

Agnostizismus: Die Lehre, daß man von einem absoluten Sein oder Gott nichts wissen kann und daher die Frage nach seinem Dasein unentschieden lassen muß.

Aliya: (wörtlich: Aufstieg), Einwanderung.

Bar Mizwa: Bezeichnung für einen Jungen mit Vollendung des 13. Lebensjahrs, der nun am öffentlichen Leben teilnehmen darf. Er muß ein Stück aus der **Tora** lesen und empfängt den damit verbundenen Segen. Mädchen feiern die **Bar Mizwa** schon mit zwölf Jahren.

Challa: Brot zum Sabbat.

Chanukka: Im Jahre 168 vor Christus lehnten sich der alternde Priester Mattathias und seine fünf Söhne gegen den Versuch des Seleuzidenkönigs Antiochus IV auf, Jerusalem zu einer griechischen Stadt zu machen und das Judentum völlig auszurotten. Das ging soweit, daß Antiochus eine Statue von Zeus im Tempel aufstellte und Schweine auf dem Altar opferte. Der Kampf wurde von Mattathias' Sohn Judas Makkabäus fortgeführt. Schließlich siegte er, und der Tempel wurde wieder geheiligt. Ein Wunder geschah: Eine Flasche, die gerade genügend Öl für einen Tag enthielt, ließ die **menora** im Tempel acht Tage lang brennen. Deshalb wird als Erinnerung ein achtarmiger Leuchter angezündet, die **Chanukka**, mit einem Licht für jeden Tag.

Chassidismus: Bewegung im Judaismus, die von Israel Ba'al Schem Tow aus der Ukraine gegründet wurde und die die Frömmigkeit und das Gebet betont. Man dient Gott auch durch Fröhlichkeit, Tanzen und Singen. Ihr Leitwort ist »Dienet dem Herrn mit Freuden« (Psalm 100,2).

Cheder: Jüdische Schule, in der die Kinder ab dem Alter von drei Jahren Hebräisch lernen und in der **Tora** und dem **Talmud** unterrichtet werden.

Chet: Sünde.

Diaspora: Die Zerstreuung der Juden außerhalb Israels.

Erez Israel: Das biblische »Kanaan«, das »Gelobte Land« der Juden.

Erez Sabbat: Der Abend vor dem Sabbat, Freitagabend. Der Tisch ist mit einem weißen Tischtuch bedeckt und bildet einen Altar, auf dem das **challot**, die brennenden Kerzen und der **kiddusch**-Wein stehen.

Etrog: Zitrusfrucht, die man zusammen mit den **lulav** beim Laubhüttenfest braucht.

Gefilte fisch: Typisches jüdisches Gericht aus Karpfen, der unter anderem mit Kartoffeln und Karotten gefüllt wird.

G'eulah Sh'leimah: Die vollkommene Erlösung Israels.

Goy: Heide.

Haftara: (wörtlich: »abschließen«), am Sabbat wird nach der Lesung aus dem Gesetz ein Text aus den Propheten, die **Haftara**, gesprochen.

Haggada: (wörtlich: Erzählung), ein Buch, in dem die Geschichte des Auszugs aus Ägypten erzählt wird.

Halacha: (wörtlich: das Gehen), allgemeiner Begriff, der das gesamte »gesetzliche« System des Judentums, die Ge- und Verbote der mündlichen und schriftlichen Überlieferung, umfaßt.

Holocaust: Griechisch für »Brandopfer«. Vernichtung der Juden während des Zweiten Weltkriegs.

Jom Kippur: Versöhnungstag. Seit der Zerstörung des Tempels der strengste jüdische Fast- und Bußtag.

Karma: Hinduistische und buddhistische Lehre, die besagt, daß unsere Taten (gute oder schlechte) unser künftiges Schicksal bestimmen.

Kehilat Brit: (wörtlich: Gemeinschaft des Bundes).

Kibbuz: Gemeinschaft von Pionieren, die keinen privaten Besitz und keine Hierarchie haben. Sie bilden eine gemeinsame Siedlung und betreiben Landwirtschaft. Plural: Kibbuzim.

Kiddusch: Heiligung. Segen, der am Beginn des Sabbats über einem Becher Wein gesprochen wird.

Kippa: Kopfbedeckung.

Koscher: Alles, was die Anforderungen der jüdischen Speisegesetze erfüllt, die sich auf Levitikus 11 und Deuteronomium 14 stützen. Jene enthalten unter anderem eine strenge Trennung zwischen Milch- und Fleischgerichten.

L'schana haba'a b'iruschalayim: »Nächstes Jahr in Jerusalem«. Diese Hoffnung wird seit 2000 Jahren von den Juden in der **diaspora** am Ende des Passafestes laut geäußert.

Litauische Tradition: Die berühmten Rabbis der letzten 200 Jahre kamen aus Litauen. Diese Tradition betont das Gesetz und strebt nach größerem theoretischen Wissen. Sie steht dem Chassidismus entgegen.

Lulav: Palm-, Myrrhe- und Weidenzweige, die zusammengebunden während des Laubhüttenfestes benutzt werden.

Mikwa: Rituelles Bad, bei dem die Menschen vollkommen untertauchen. Frauen führen es vor der Heiratszeremonie und nach der Menstruation durch.

Moschav: Landwirtschaftliche Genossenschaftssiedlung mit größerer Unabhängigkeit als ein Kibbuz.

Moschava: In Israel ein Dorf mit privatem Grundbesitz.

Netivya: Weg des Herrn.

Pessach: siehe Passa.

Passa: Feier zur Erinnerung an die Befreiung aus der Sklaverei in Ägypten. Das Wort selbst heißt »vorübergehen«, weil der Todesengel, der die Erstgeborenen der Ägypter tötete, an den Juden vorüberging, die Blut an die Türpfosten gestrichen hatten.

Rosch Haschana: Jüdisches Neujahrsfest, einer der höchsten jüdischen Feiertage.

Ruach Hakodesch: Der Heilige Geist.

Sabbat: Ruhetag zur Erinnerung an das Ruhen Gottes nach der Erschaffung der Welt. Höhepunkt der jüdischen Woche. Er beginnt am Freitagabend und endet am Samstagabend nach Eintritt der Dunkelheit. Charakteristisch für den Sabbat ist die absolute Arbeitsruhe.

Sabra: a) gebürtiger Israelit oder gebürtige Israelitin; b) Kaktusfrucht, die außen stachelig, innen aber weich ist.

Scharav: Heißer, trockener Wüstenwind.

Schavuoth: »Wochenfest«, ein Fest zum Beginn der Sommerernte zur Erinnerung an die Gesetzgebung auf dem Berg Sinai.

Schema Yisrael, Adonai Elohenu, Adonai Echad: »Höre Israel, der Herr ist unser Gott, der Herr allein«. Wichtigstes jüdisches Glaubensbekenntnis (Deuteronomium 6, 4).

Schul: Synagoge, Versammlungshaus.

Seder: Ordnung, u. a. Bezeichnung des häuslichen Gottesdienstes, der an den beiden ersten Abenden des Passafestes nach einer vorgeschriebenen Ordnung stattfindet.

Segen und Fluch: Die Berge Garizim und Ebal in der Gegend von Sichem symbolisieren die Segnungen und Flüche, die in der **Tora** erwähnt werden.

Siddur: Buch der täglichen Gebete. Es enthält jedoch auch kurze Gebete für verschiedene Feste und Fastentage.

Simchat Tora: (wörtlich: Freude am Gesetz), ein Freudenfest, in dem sich die lebendige Beziehung zur **Tora** ausdrückt. Die **Tora**-Rollen werden in der **schul** umhergetragen; man tanzt und ist fröhlich.

Succa: Hütte, Bezeichnung der »Laubhütte«, die zur Erinnerung an die Wüstenwanderung Israels als Aufenthaltsort während des Laubhüttenfestes errichtet wird.

Talmud: Sammlung der jüdischen Lehren. Das Ergebnis des kulturellen Lebens des jüdischen Volkes von der Babylonischen Gefangenschaft bis unfähr 600 nach Christus. Der **Talmud** enthält die **Mischna** (Wiederholung) und **Gemara** (Vollendung), in denen die Rabbis die **Tora** kommentieren und erklären, wie Gottes Gesetz in die Praxis umgesetzt werden soll.

Taschlich: Spezielle Zeremonie nach dem Mincha-Gebet, (das zweite der drei Gebete, die jeder Jude täglich verrichten muß), des ersten Neujahrstags möglichst kurz vor Sonnenuntergang. Man begibt sich an fließendes Wasser, schüttet seine Kleider aus und versenkt so symbolisch die abgeschüttelten Sünden.

Tenach: Besteht aus **Tora** (den Büchern Mose), **Neviim** (den Propheten) und **Ketuvim** (den Schriften).

Tora: Die fünf Bücher Mose (Genesis bis Deuteronomium).

Ulpan: Schule für intensive hebräische Sprachkurse, u. a. für Neueinwanderer in Israel.

Wadi: Trockenes Flußbett.